中学生「偏差値70超」の子の勉強法

カリスマ塾長が明かす"劇的に成績を伸ばす"ルール

難関校合格専門 松江塾 齋藤明

大和出版

はじめに

この方法なら、確実に「偏差値70超」を実現できる！

『中学生「偏差値70超」の子の勉強法』を手にとってくださり、ありがとうございます。

この本を執筆した齋藤明と申します。

まず、簡単に自己紹介をさせてください。

私は、埼玉県の川越市にある難関校合格専門の進学塾で塾長として20年以上指導し、ここ18年間、学年1位の生徒を多数、出し続けている者です。

また、17年以上、ほぼ毎日ブログで高校の情報や勉強方法などの情報発信をしております(加えてYouTubeやInstagram、X(旧 Twitter)などでも情報発信をしています)。

そんな私が、なぜこの本を執筆したのか？

それは、実力テストや入試などで確実に高い結果を出す勉強法を知らないまま勉強をしている子が多くいることを知ったからです。

たとえば実力テストは、小学生のころのカラーテスト（各単元が終わるごとに行われるテスト）とは異なり、とても範囲が広いものになります。

つまり、ほとんどの子は、その勉強のやり方を知らないまま中学生になり、実力テストを受けているということなのです。

ましてや、偏差値70超の子たちがどんな勉強をしているのかも知らずに……。

そこでこの本では、偏差値70超の子たちの勉強の様子や結果を出すための方法などを余すところなく紹介していきます。

この本を手にとり、今、読んでいるあなたは、上位校に憧れをもっている中学生の方かもしれませんね。

あるいは、偏差値70以上の高校にお子さんを進学させたい保護者の方でしょう。

そこで1つ質問です。

「偏差値70超」と聞いて、どんなイメージをもちましたか？

中学生の子なら、「僕（私）にはとうていムリ。だから、あきらめよう」と思ったかもしれません。

保護者の方なら、「うちの子には難しい」「天才だけが偏差値70超を実現できる」と思ったかもしれません。

たしかに私自身、塾で20年以上指導し、過去2000人以上の生徒たちを見てきましたので、そう簡単ではないことは十分承知しています。

でも、じつはあなたが思うよりも偏差値70超が近い存在であるということも、まぎれもない事実なのです。

実際に私の塾では、2023年の春の高校入試で約3人に1人の生徒が偏差値70以上の高校に進学しました。3人に1人ということは、じつに30人のクラスで10人が偏差値70以上の高校に進学するというイメージです。

では、なぜ私の塾の生徒は、このような成果を出すことができたのでしょう？

答えは、この本で紹介する〝サイトウ式「見える化」勉強法〟を実践したから――。

それによって、3人に1人が偏差値70超を実現することができたのです。

詳しくは本文で説明しますが、この〝サイトウ式「見える化」勉強法〟を簡単に説明すると、**「目標」「計画」「行動」「結果」の「見える化」と「正しい学習習慣」**の2つの要素から成り立っています。

いわば、「見える化」と「正しい学習習慣」が偏差値70超を実現するうえでの両輪になるというわけです。

また、私の塾の生徒たちには〝サイトウ式「見える化」勉強法〟とともに、学校では教えてくれない**「最強の定期テスト分析法」**や**「最強の実力テスト分析法」**も伝えています。

分析もせずに定期テストや実力テストの勉強をするのは、迷路を闇雲に前進するのと同じです。仮に運よく結果が出たとしても、それでは長続きしないでしょう。

その点、この本で紹介する分析法は、ずっと効果があるだけでなく、コツさえつかめば誰でも実践が可能。本文では、それらを詳しく解説しています。

さて、ここまでをお読みになって、いかがですか？

何となく「偏差値70超」を達成できそうな気がしてきましたか？

大丈夫です。

この本で紹介する〝サイトウ式「見える化」勉強法〟を実践すれば、偏差値70以上の高校に進学できる可能性がグンと高まります。

逆に、間違った勉強方法を続けていては、いつまでも偏差値70には届かないでしょう。そして、あっという間に高校受験の日を迎えてしまうと思います。

それでは、ここでこの本の構成を見ていくことにしましょう。

序章では、私が〝サイトウ式「見える化」勉強法〟を確立するまでのプロセスを説明するとともに、偏差値アップに欠かせない**「自学」**についてお話しします。

第1章では、〝サイトウ式「見える化」勉強法〟の両輪の1つである**「見える化」**について、生徒の具体例を出しながら見ていきます。

第2章では、着実に力をつけるための日々の過ごし方を説明します。この章の内容を実践することで、**「正しい学習習慣」**を身につけることができるでしょう。

第3章では、**「定期テスト」**で学年1位を達成した生徒たちのアンケートに始まり、正しい計画の立て方や各教科の具体的な勉強方法をお伝えします。また、私のオリジナルの**「最強の定期テスト分析法」**についても、この章で詳しく解説します。

第4章では、オール5の子たちがやっている**「内申アップ」**の方法を説明します。どんな工夫をしているのか、ぜひ参考にしてください。

第5章では、主に**「実力テスト」**や**「入試」**で結果を出す方法と〝**お勧め教材**〟を紹介します。また、**「最強の実力テスト分析法」**についても、この章で解説します。

第6章では、「〝サイトウ式「見える化」勉強法〟の効果を最大限に発揮する方法」をお伝えします。この章の内容を参考に、ぜひ**「本当の力」**をつけてください。

終章では、保護者の方に向けて**「成績上位者の親の『意識』や『行動』」**を解説します。また、子どもの生活面や勉強面での**「具体的なサポート方法」**をお伝えします。


以上のように、この本では偏差値70超を実現するための方法を、ありとあらゆる角度から解説していきます。

とくに難しいことはありません。1つひとつ丁寧に実践すれば、誰もが確実に結果を出すことができる方法ばかりです。

受験生はもちろん、中1、中2の生徒や保護者の方にも必ず役立つ内容となっています。

さあ、準備はよろしいですか？　それでは、さっそく本文へとお進みください。

難関校合格専門　松江塾　齋藤明

中学生「偏差値70超」の子の勉強法

CONTENTS

第2章 着実に力がつく「毎日の勉強法」と「正しい学習習慣」

第3章 「中間・期末テスト」でグングン成績を伸ばす勉強法

第4章 オール5の子がやっている「内申アップ」の方法

第5章

「実力テスト」や「入試」でしっかり結果を出す勉強法

第6章

〝サイトウ式「見える化」勉強法〟の効果を最大限に発揮する方法

終章

わが子のために親だからできること・やっておきたいこと

本文デザイン 村﨑和寿

序章

なぜ、私の教え子たちは目覚ましい成果を上げることができたのか？

1 生徒に実力テストで結果を出させることができずに悩んだ日々

継続して偏差値70超をとる子は何が違うのか？

塾なのに、生徒の成績が上がらない！

そうなってしまったら、塾としては致命的です。

じつは、20年近く前の私の塾が、まさにそんな感じでした。

正確に言うと、定期テストで学年1位をとったり、上位10％以内に入るなど、一時的に成績が上がった生徒はいました。

ただ、そこには1つ、大きな問題がありました。

それは、結果が出たのは、中間テストや期末テストのような範囲が限られたテストのみだったということ。

定期テストは範囲が決まっていますから、その範囲のワークや問題集を繰り返し解いたり、プリントで演習をしたりすれば、一時的に点数を伸ばすことはできます。しかし、実力テストや入試のような広い範囲のテストでは、思うような結果を残せませんでした。

実力テストは、定期テストの何倍もの範囲に対応できなければなりません。勉強したところと同じような問題が実力テストに出るとは限らないのです。

そのため、実力テストで偏差値70をとるような生徒は、塾でも20人~30人に1人いるかいないかという状態。

必然的に、偏差値70以上の上位校に合格する生徒も、本当にごく一部でした。

当時の私は、高校受験を1つのゴールとして考えていたので、偏差値が上がらない生徒や高校受験で不合格になる生徒を目のあたりにして、非常に悩んでいました。

そんなあるとき、偏差値が上がらないということを理由に、ある生徒が塾を辞めていきました。

その生徒は、私が手取り足取り指導した子です。

にもかかわらず、偏差値が上がらないという理由で辞めていった……。

私は、あらためて自問自答しました。

「偏差値が上がる生徒と上がらない生徒とでは、何が違うのだろうか？」
「継続して偏差値70超をとる生徒には、どのような特徴があるのだろうか？」
「もしかすると、偏差値70超の生徒の勉強法を知り、それを他の生徒たちにも実践してもらえば、偏差値が上がるのではないだろうか？」

そう考えた私は、すでに結果を出している生徒に話を聞いたり、保護者の方との面談で、家庭での様子を聞くようにしました。

すると、偏差値70超の生徒の特徴が、少しずつ浮き彫りになっていったのです。

それは、偏差値70超の生徒は、「自学」ができているということ。

具体的には、塾の授業日以外の日も、自宅で家庭学習をしていました。

当然のことですが、個々で苦手な範囲や問題は異なります。

その意味でも、真の力をつけるためには、**授業より「自学」が大切**だったのです。

当時の私は、「自学」の重要性に気づいていなかったので、目の前の生徒に手を貸せば貸すほど、「生徒が自ら学ぶ力」を奪っていました。

そう、自分で考えて学習する力を生徒から奪ってしまっていたのです。

今ならわかります。

ただ目の前に問題を渡され、何も考えずにそれを解く子が、最終的に偏差値70超を達成することなど、ほぼありえないということが。

当時の私は、「勉強は教えるもの」だと考えていましたし、生徒や保護者のほうも、「塾では勉強を教えてもらうもの」だと考えていたと思います。

たしかに勉強は教わることで理解が深まる面もありますが、最後は自分で問題と向き合い、覚えたり、解いたりする必要があります。

もちろん、「自学」といっても、誰しもが、すぐに自ら学ぶことができるようになるわけではありません。

ノートに教科書の内容をきれいにまとめるような、間違った「自学」の方法を取り入れてしまい、今までの定期テストより、点を落としてしまう子もいるでしょう。

実際に、私の塾では、そのような生徒が何人もいました。

「偏差値70超の子たちが実践している、正しい〝自学〟を身につけさせるためには、どうしたらいいのだろうか?」

そこから、私の試行錯誤の毎日が始まったのです。

2 もしかすると、この方法ならうまくいくのでは？

「自学」を習慣化するために大切な2つのこと

「自学」の重要性がわかったとはいっても、なかなか次の一手は見つかりませんでした。

私は、そこでさらに偏差値70超の生徒たちを徹底的に研究していきました。

そこで見えてきたのが、次の2つです。

1つは、偏差値70超の生徒は、自ら学ぶべきことへの羅針盤や振り返るべき指標を無意識のうちに頭の中で、あるいは実際に「見える化」していたということです。

そこで私はそれをアレンジし、体系化していったのですが、最終的にその「見える化」は4つに集約されることがわかりました（この「見える化」の詳細は第1章で詳しく述べていきます）。

そして、その実践方法を生徒たちに伝えていきました。

もう1つは、「正しい学習習慣」をもっていたことです。

たとえば、教えられた内容がしっかり身につく授業の聞き方や日々の勉強時間、スキマ時間の活用方法、忙しい中学生が結果を出すための効率的な学習方法などです。

私は、その「正しい学習習慣」についても授業の中で日々、生徒たちに伝えていきました(正しい学習習慣については、第2章と終章で詳細を述べていきます)。

それらが、学力向上の土台になると思ったからです。

偏差値70超の生徒が実践している4つの「見える化」と「正しい学習習慣」——。

私は、この2つをまとめたものを〝**サイトウ式「見える化」勉強法**〟と名づけ、今まで偏差値が上がらなかった生徒たちの「自学力」を高めるために日々、指導してきました。

学力アップの真髄は「真似る」ことにある

ただ、そうはいっても、誰でも簡単に自学が実践できるとは限りません。

そこで考えたのが「自学」の仕組み化でした。

つまり、〝サイトウ式「見える化」勉強法〟をスムーズに取り入れやすくする方法を模索したのです（以下は、私の塾の生徒に対して行った方法なので、これを参考にご自身の状況に合わせて工夫してみてください）。

まずは、思いきって定期テスト前の授業や指導をやめ、その代わりに定期テストの約3週間前から毎日、塾に来てもらうことにしました。

具体的には中1～中3まで、平日は午後7時20分～午後10時までの2時間40分、各自で、学校や家からもってきた学校のワークや塾のワークなどを解く時間としたのです。

また、いっせいに定期テストの範囲と同じ単元のプリントを配付し、課題に取り組ませることもやめました。

その代わりに、考える材料を与え、受け身ではなく、能動的にテスト勉強に取り組むように指導しました。

たとえば、考える材料というのは、以下のようなものです。

「テストで点数を伸ばすためには、何をすべきか？」

「テスト前に、何時間勉強したらいいか？」

「テスト勉強はいつからすべきか?」
「学校のワークは、何回転すべきか?」

生徒たちは、自分自身で考え、試行錯誤をしました。

さて、ここで学力を伸ばすうえで最も大切なことをお話ししておきたいと思います。

それは、以下のことに集約されます。

上位層の子たちの行動を知る

←

上位層の子たちの行動を真似る

偏差値70超の成績を最短で手に入れるには、このように上位者の行動を真似ることが大切です。

そして、そのためにも偏差値70超の生徒のエッセンスがつまった〝サイトウ式「見える化」勉強法〟を実践することが効果的なのです。

3 伸びる伸びる、どの子も驚くほど伸びる！

実践さえすれば、偏差値70超は夢じゃない

「見える化」と「正しい学習習慣」を両輪とする〝サイトウ式「見える化」勉強法〟での指導を始めてから10年余り――。

いつしか私の塾は、塾内の定期テストの平均が４００点以上（５教科の合計）になる塾に成長していきました。

３人に１人が定期テストで４５０点以上をとったこともありましたし、ある年の中１は、30人近い生徒全員が中間テストで４２０点以上をとったこともあります。

その間、つい手を貸したくなることは多々ありましたが、その気持ちをぐっと抑えて、自分自身で課題に向き合えるように徹底しました。

その結果、私でも信じられないような結果が出たのです。

ただ、これは、まだ序章に過ぎませんでした。

やがて、それまで結果が出なかった実力テストや入試でも結果が出るようになりました。

実力テストの平均偏差値は毎年のように60を超え、ある年の入試では、3人に1人以上の生徒が偏差値70以上の高校、そして3人に2人は偏差値65以上の高校へと進学しています（※偏差値は、執筆中の2023年の11月に閲覧した、インターネットサイト「みんなの高校情報」を参照しています。今後、偏差値の上下など、変更となった場合は、ご了承ください）。

手前味噌になりますが、私の塾は近年、キャンセル待ちが出るほどの人気となり、近隣の中学の生徒でさえ、通いたくても通えない状況になっていました。

そこでコロナ禍以前からオンライン化に踏み切り、遠方からも受講ができるようにしました。

その結果、今ではキャンセル待ちも解消され、オンラインの生徒も含めて、全国から約1000名の生徒が集まるようになっています（海外から受講されている方もいます）。

当然、結果が出ていなければ、地元でもオンラインでも生徒は集まりません。

そう、すべては〝サイトウ式「見える化」勉強法〟があってのことなのです。

ちなみに〝サイトウ式「見える化」勉強法〟は、中学生だけでなく、高校生になっても通用する勉強法です。

実際、中学を卒業した子たちの多くが、偏差値70以上の高校で学年1位やオール5などを達成しています。

さて、この章の締めくくりとして、ごく一部ですが〝サイトウ式「見える化」勉強法〟を実践した子および保護者の方の「喜びの声」を紹介することにしましょう。

●中1と中3の姉妹で、この1年間に「ムスメズW1位！」なんてことがあったら夢のようだ！　と思っていたら、初回から現実になりました！（中1、中3の娘をもつ保護者。姉妹で定期テスト学年1位達成）

●問題が解けずに勉強するのを避けていた数学が、先生のおかげで解けるようになり、初めて数学を解いていて楽しいと思いました！　テストでも点数が上がり、数学で1位をとれるようになりました！（中3のNさん）

図1 “サイトウ式「見える化」勉強法”で学力をアップさせよう!

偏差値が伸びない生徒

偏差値70超の生徒

●期末テストの結果が返ってきました。英語99点。数学100点。国語88点。理科96点。社会97点。5教科合計480点で学年1位でした。これで、定期テスト5連覇です。実力テストも入れたら6連覇です。期末テストでも実力テストでも結果が出て嬉しいです（中1のN君）

●県で行われた模試の数学が2465人中4位！（中3のKさん）

●模試の結果が返ってきました。3教科は偏差値71・9、5教科は偏差値73・2。模試で書いた第一志望の中では、513人中19位でした！（中3のK君）

●実力テストの結果が返ってきました。実力テストは学年1位で、偏差値は71・9でした。自己ベストの偏差値を更新しました（中2のHさん）

いかがでしょう？

〝サイトウ式「見える化」勉強法〟の威力をおわかりいただけたでしょうか？

さあ、次の章からはいよいよ本論に入っていきます。

まずは、サイトウ式の両輪の1つの**「見える化」**を説明します。

どうぞ楽しみに読み進めていってください。

第1章

〝サイトウ式「見える化」勉強法〟の根幹、「見える化」とは何か？

1

「見える化」は4つの要素で成り立っている

いよいよ、ここからが本番！

序章では「見える化」と「正しい学習習慣」が〝サイトウ式「見える化」勉強法〟の両輪であるとお話ししました。

この章では、両輪のうちの1つで、とくに私のやり方の大きな特徴である「見える化」がどんなものであるかということと、なぜ効果があるのかということについて説明していきます。

「見える化」は、4つの要素で成り立っています。

具体的には、「目標」「計画」「行動」「結果」の4つです。

そこでこの項目では、それぞれについて簡単に見ていくことにしましょう。

① 目標の「見える化」

もし、マラソンをするとして、ゴールがなかったとしましょう。

その場合、どこに向かって走ればいいのかわからないし、そもそも走る気も起こらないでしょう。

勉強もそれと同じで、「目標」がなければ、勉強する気は起きませんよね。

ですから、勉強を始める前には、必ず目標を立てることが大切です。

ちなみに目標は、誰もが同じである必要はありません。

ある生徒は、定期テストの目標が学年1位や500点満点かもしれません。

ある生徒は、400点や450点かもしれません。

もしかしたら、平均点が目標かもしれません。

最初は、それでもいいのです。

まずは、37ページに掲載したような**「目標&結果の『見える化』シート」**に目標点と目標順位を書きましょう。

それが目標の「見える化」であり、〝サイトウ式「見える化」勉強法〟のスタート地点です。

図1は、ある年の2学期の期末テスト前に配付した、目標&結果の「見える化」シートです。

「生徒の目標点」「期末テストの目標順位（5教科）」「保護者の希望の点」が、目標の「見える化」となります（実際の記載例は49ページ参照）。

なお**「中間テストの順位（5教科）」**や**「中間テストの点」「改善すべき点」**などは結果の「見える化」となります（結果の「見える化」に関しては、この後でお伝えします）。

目標の点数や順位を書く際のポイントは、ギリギリ届くかどうかの目標点や順位にしておくことです。

高すぎる目標でも、低すぎる目標でもモチベーションは上がりませんからね。前回の中間テストの順位や過去の自己ベストの順位を参考にして、目標順位を決めるといいでしょう。

繰り返しになりますが、目標を決め、それを「見える化」し、「意識」することが、最高の結果を手に入れるスタート地点となります。

図1 目標&結果の「見える化」シート

●名前

●生徒の目標点

国語	点	数学	点	英語	点
理科	点	社会	点	5教科合計	点

●中間テストの順位(5教科)
位

●期末テストの目標順位(5教科)
位以内

●保護者の希望の点

国語	点	数学	点	英語	点
理科	点	社会	点	5教科合計	点

2学期の中間テストの各教科の点を書きなさい。点数が良かった教科(90点以上)に関しては、なぜ、点数が良かったのか理由を書きなさい。点数が悪かった教科(90点未満)は、なぜ悪かったのか理由を書きなさい。また、90点未満の教科は、どうすれば次に90点以上が取れるのか、自分なりに改善点を見つけなさい。そして、今回の反省から次に活かすための勉強方法等を具体的に書きなさい。

●中間テストの点……理由。改善すべき点。次に活かすための勉強方法等。

国語　点……

数学　点……

英語　点……

理科　点……

社会　点……

●保護者から子どもへ一言

②計画の「見える化」

毎日、ただ何となく勉強をして、取り組む教科に偏りができてしまった経験はないでしょうか？

人によっては、得意な教科や好きな教科ばかり勉強してしまった経験もあるでしょう。

本来なら苦手教科に時間をかけるべきなのにもかかわらず、後回しにして、時間をかけられなかった経験もあるかもしれません。

そのようなミスや失敗を未然に防ぐためにも「計画」を立てていくことは必須条件です。

とはいえ、仮に計画を立てたとしても、そのとおりに進まず、途中で計画表を見るのをやめてしまった、などというのもよくあることです。

したがって、計画どおりに「行動」できることなど、ほぼないと思っておいたほうがいいでしょう。

計画どおりに進まないのは、本人が悪いからではありません。

そもそも、「正しい計画の立て方」を教わっていないからです。

人間ですから、思うように進まないことは誰にでもあります。

そのことを踏まえて、時間に余裕をもたせたスケジュールを組みましょう。

私がお勧めする計画の「見える化」では、必ず**「予備日」**を1週間のうち1日設けてもらうようにしています。「計画」が破綻《はたん》し、やる気が下がったり、無計画な勉強になったりするのを防止するためです。

次ページに掲載した図2は、ある年に生徒たちに配付した中間テストの計画表です。

この計画表に記入するのは、**「定期テストのおよそ1カ月前」**からとなります。

それぞれの日付の下に記入する主な項目は、**「その日に取り組むべき課題」**です。

ちなみに図2の下には、①〜⑤として、計画を立てる際に使用するワークや反復回数のアドバイスを記載しています（110ページで詳しく解説します）。

また、参考までに41ページには学年1位と偏差値70超を同時に達成した生徒の計画表の例を載せました（図3）。

まずは、この生徒の計画表を見ていきましょう。

この計画表には「予備日」が入っていますね。

図2 計画の「見える化」シート

中間テスト計画表

日	月	火	水	木	金	土
4月21日	22日	23日	24日	25日	26日	27日
28日	29日	30日	5月1日	2日	3日	4日
5日	6日	7日	8日	9日	10日	11日
12日	13日	14日	15日	16日	17日	18日
19日	20日	21日	22日	23日	24日	25日
26日	27日	28日	29日	30日	31日	6月1日

① 学校のワークは、最低3回転しよう!
② 1教科につき2冊以上のテキストを完璧にしよう!
まずは、学校のワークと塾のワークを解こう!
③ 3週間前までに学校のワークを1回解こう!
④ 1週間前までに学校のワークを3周しよう!
⑤ 1週間前〜当日は2冊目のワークや3冊目のワークを完璧にしよう!

図3 学年1位と偏差値70超を達成した生徒の計画表の例

中間テスト計画表

日	月	火	水	木	金	土
28日	29日	30日 英(学)p.6-11 社(学)p.2-9	5月1日 数(学)p.4-11 理(学)p.2-9	2日 英(学)p.12-19 社(学)p.10-17	3日 予備日	4日 数(学)p.11-21 英(学)p.20-29 理(学)p.10-17 社(学)p.17-23
5日 数(塾)p.2-11 英(塾)p.2-13 理(塾)p.2-9 社(塾)p.2-13	6日 理(学)p.2-11 社(学)p.2-13 ※2週目(学)	7日 数(塾)p.12-17 英(塾)p.14-25 英:単語	8日 数(塾)p.18-23 理(塾)p.10-15 英:単語	9日 英(学)p.6-15 社(塾)p.14-21 英:単語	10日 予備日	11日 数(学)p.4-13 英(学)p.16-21 理(塾)p.16-21 社(塾)p.21-27
12日 数(学)p.14-21 英(学)p.22-29 理(学)p.12-17 社(学)p.14-23	13日 理(塾)p.2-11 社(塾)p.2-11 国:漢字 ※2週目(塾)	14日 数(学)p.4-13 英(学)p.6-15 国:重要表現 ※3週目(学)	15日 理(学)p.2-11 社(学)p.2-13 国:漢字	16日 数(学)p.14-21 社(学)p.12-23 国:重要表現	17日 予備日	18日 数(塾)p.2-13 英(学)p.16-29 理(学)p.16-21 社(塾)p.11-19
19日 数(塾)p.14-23 英(塾)p.2-13 理(塾)p.12-21 社(塾)p.20-27	20日 数(塾)p.2-9 英(塾)p.14-25 国:教科書 ※3週目(塾)	21日 理(塾)p.2-9 社(塾)p.2-11 国:教科書	22日 数(塾)p.10-17 英(塾)p.2-9 国:教科書	23日 理(塾)p.10-17 社(塾)p.12-21 国:教科書	24日 予備日	25日 数(塾)p.18-23 英(塾)p.9-25 理(塾)p.17-21 社(塾)p.22-27
26日 予備日 国:教科書 他に完成していない科目	27日 中間テスト 英語, 理科 国語	28日 数学, 社会	29日 テスト復習	30日 テスト復習	31日 テスト復習	6月1日

① 学校のワークは、最低3回転しよう!
② 1教科につき2冊以上のテキストを完璧にしよう!
　まずは、学校のワークと塾のワークを解こう!
③ 3週間前までに学校のワークを1回解こう!
④ 1週間前までに学校のワークを3周しよう!
⑤ 1週間前~当日は2冊目のワークや3冊目のワークを完璧にしよう!

この生徒のように、1週間の中で勉強が計画どおりに進まなかった場合は、「予備日」にその勉強を充てるようにしましょう。

逆に、予定どおりに進んでいる場合には、「予備日」を利用して、前倒しで勉強を進めてもかまいません。

ただし、順調に進んでいるからといって、「予備日」を「勉強しない日」とか「遊びの日」にするのはNG。遊びや娯楽は、その日の計画が予定どおりに進んだ後の残りの時間を利用してください。

また、図3の計画表を見ると**「学校のワーク」**(学と表記)を中心に学習していることがわかると思います。さらに図3には、教科以外にも、**取り組む教材やページ数**も細かく書いてありますね。

この例を参考に、**平日なら1日1教科〜3教科**を目安に書いてみてください。

土日など時間があるときには、3教科以上に取り組むのがベストです。

その際、必ず**得意な教科と苦手な教科をセット**にして書いてほしいと思います。

逆に、毎回のように学年上位5%以内に入っている場合は、勉強のコツをつかんでいるため、細かいページ数や内容は書かなくてもかまいません。

最終的には、シンプルなものになるのが理想です。

ただ、毎回のように学年上位5％以内に入れるようになるまでは、細かく書いていきましょう。

計画表の中にはありませんが、**「目安の勉強時間」**についても少し触れておきます。

部活動が停止期間になるまでは平日**2時間半～3時間くらい**、停止期間以降は平日**3時間～4時間くらい**を目標にしてください。

テストの直前の土日は、**8時間以上**の勉強時間を目標にするといいでしょう。

ただ、あくまでも時間は目安であり、時間よりは実際に進める学校や塾のワークのページ数、そして反復の回数に意識を向けてください。

いずれにしても、**計画の「見える化」により、「何」を「いつまでに」「何回繰り返す」のかが見えてきます**。

ぜひ、学年1位の生徒の計画表を参考にして、計画を立ててみてください。

学年1位の生徒の真似をすれば、結果が手に入る可能性もグンと高くなっていくことでしょう。

③行動の「見える化」

目標や計画を立てた後は、**実際に行動を起こすことと日々の確認**が大切です。

したがって私の塾では、計画表を書くのと一緒に、**「取り組む教材」**についても書いてもらっています。

次ページの図4**「行動の『見える化』シート」**にある「取り組む教材」の欄の横には、それぞれの**「反復回数」**を書く欄があり、反復回数に応じて「正の字」を書いてもらうようにしています。

たとえば、反復回数が1回目なら正の字の一画目の「一」。5回目で「正」の字が完成します。

こうすることで、定期テストまでの日々の学習状況が一目でわかるわけです。

なお、学年1位や偏差値70超を目指すのであれば、学校のワークを反復する回数の目安は、**最低3回**です（塾の上位者のデータから、そのような数値が出ています）。

さて、次ページの図4は、学年1位と偏差値70超の両方を達成した生徒が取り組む教材が書いてあります。

5教科の欄には、学校のワークと塾のワークの最低2冊は書いてありますね。

図4 行動の「見える化」シート——学年1位と偏差値70超を達成した生徒の例

取り組む教材		取り組む教材	
国語	回数「正」	**音楽**	回数「正」
学校のワーク		教科書	
塾のワーク		校歌	
漢字スキル			
数学	回数「正」	**美術**	回数「正」
学校のワーク		授業プリント	
塾のワーク		教科書	
塾技			
最高水準問題集			
英語	回数「正」	**体育**	回数「正」
学校のワーク		学校ノート	
塾のワーク		教科書	
学校の副教材			
理科	回数「正」	**技術・家庭**	回数「正」
学校のワーク		授業プリント	
塾のワーク		教科書	
塾技・一問一答			
最高水準問題集			
社会	回数「正」		
学校のワーク			
塾のワーク			
一問一答			
最高水準問題集			

そして、教科によっては**「市販のワーク」**などで最後の仕上げをしています。

まずは、図4の生徒を参考に、取り組む教材を決めてください。

学校のプリントやノートから定期テストに出題される場合は、それらを書いてもかまいません。

また、音読をする場合には、教材の中に**「教科書」**も入れておきましょう。

さらに、行動の「見える化」をより効果的なものにするという意味では、**優先順位が高い教材から順に書いていく**こともポイントです。

そして、優先順位が高い教材から取り組むようにしてください。

多くの生徒にとって、基本的には**「学校のワーク」**が一番上にくると思います。

ワークが終わった後には、「正」の字で、その回数がわかるようにしておきましょう。日々、目にすることで、行動の「見える化」となり、テストまでの自らの行動が把握できます。

過去には、社会のワークを繰り返し解いて、「正」の字を2つ書いた生徒がいました。その生徒は、10回ワークを繰り返したのですね。

それまでは、上位10％以内に入れずに苦しんでいたのですが、反復回数が増えてから、上位10%以内に入れるようになりました。

実際のところ、理科や社会のような暗記がメインの教科なら、学校のワークを**「すべて覚えるまで取り組む」**ことが重要です。

その一方で、積み重ねが必要な数学などは、繰り返し解いても、理解が進まない場合があります。

解答・解説を読んでも、よくわからなかった問題は、学校の先生や塾の先生に質問してみましょう。

ただ、小学校のときの算数や中学校に入って学んだ数学の積み重ねで抜けている部分があると、説明を聞いても理解できない部分があると思います。そのようなときには、焦らずに、自分で解ける範囲の問題を繰り返してみてください。

誤解がないように書いておきますが、ここでは、教科書の章末などの難しい問題に取り組まなくてもいいとお伝えしているのではありません。

数学や英語などの積み重ねの教科も、理想は学校のワークや塾のワークを完璧にした状態で、定期テストに挑むことです。

そのための努力は必ずしてください。

計画どおりに行動ができたとしても、必ずしも目標としていた結果が手に入るとは限りません。

④結果の「見える化」

とはいえ、嘆く必要はありません。

よかったときも、悪かったときも、素直に結果と向き合い、次に活かすことで、人は成長していくものだからです。

そこで私の塾では、目標&結果の「見える化」シートに、**「同じ失敗を繰り返さない」**ことを目的として前回の定期テストの点数や反省点などを書いてもらっています。

次ページをご覧ください。

図5の「中間テストの順位（5教科）」および「2学期の中間テストの各教科の点を書きなさい。」から下の部分が、**結果の「見える化」**となります。

図5は、図1（37ページ）の目標&結果の「見える化」シートに、学年1位と偏差値70超の両方を達成した生徒が書き込んだ例です。

ぜひ、定期テストの点数や順位などの結果が出た後には、図5の生徒の例を参考に、反省点などを記入してみてください。

図5 目標&結果の「見える化」シート——学年1位と偏差値70超を達成した生徒の例

●名前 ○○

●生徒の目標点

国語	95 点	数学	95 点	英語	95 点
理科	95 点	社会	95 点	5教科合計	475 点

●中間テストの順位(5教科)
1 位

●期末テストの目標順位(5教科)
3 位以内

●保護者の希望の点

国語	100 点	数学	100 点	英語	100 点
理科	100 点	社会	100 点	5教科合計	500 点

2学期の中間テストの各教科の点を書きなさい。点数が良かった教科(90点以上)に関しては、なぜ、点数が良かったのか理由を書きなさい。点数が悪かった教科(90点未満)は、なぜ悪かったのか理由を書きなさい。また、90点未満の教科は、どうすれば次に90点以上が取れるのか、自分なりに改善点を見つけなさい。そして、今回の反省から次に活かすための勉強方法等を具体的に書きなさい。

●中間テストの点……理由。改善すべき点。次に活かすための勉強方法等。

国語 99 点……教科書を音読した。授業プリント+塾のワークを確認したり、白プリを解けるようにした。

数学 100 点……学校のワークと塾のワークを解いた。基本問題だけでなく、応用問題を解けるようにした。

英語 100 点……ライティングマスターを完璧に解けるようにした。また、教科書を音読し、熟語を覚えた。

理科 97 点……学校のワークと塾のワークを何周もした。学校の授業ノートを確認した。

社会 96 点……学校のワークと塾のワークを何周もした。教科書に出てきた法律を覚えた。

●保護者から子どもへ一言

○○(生徒の名前)が頑張ってきた定期テストもいよいよ最終決戦ですね。目標を立てても、頭の中は、「目の前の問題を解ける状態にする」ことだけを考えてテストに挑んできましたね。精一杯やってみよう! 大丈夫! 大丈夫!! 応援しています。

定期テストで90点以上がとれた教科は、勉強法として間違っていないでしょう。その場合は、90点以上とれた理由を書けばＯＫです。

また、90点未満の教科がある場合には、なぜ悪かったのか、次にどうすれば90点以上がとれるのか、自分なりに考えて改善点を書くといいでしょう。

一般的に、90点未満となるケースの要因としては、学校や塾のワークの**「反復不足」**や**「勉強時間の不足」**などがあげられます。

反省点や改善点の書き方としては、「学校のワークを1回しか解いていなかった。次の定期テストでは、早めに学校のワークにとりかかり、学校のワークを3回以上繰り返す」という具合に書けばいいでしょう。

改善点が見つからない場合には、学年1位の生徒の例（図3、図4、図5）を参考にするか、その教科の学校の先生や塾の先生にアドバイスをもらってください。

中学によって異なりますが、中学3年間で中間・期末テストは合計12回〜15回ほど行われます。

1学期の中間テストと期末テスト、2学期の中間テストと期末テスト、3学期の期末テストの年間5回×3年間で15回です。1学期が期末テストのみの学校や2学期制

図6 4つの「見える化」が偏差値アップのカギになる!

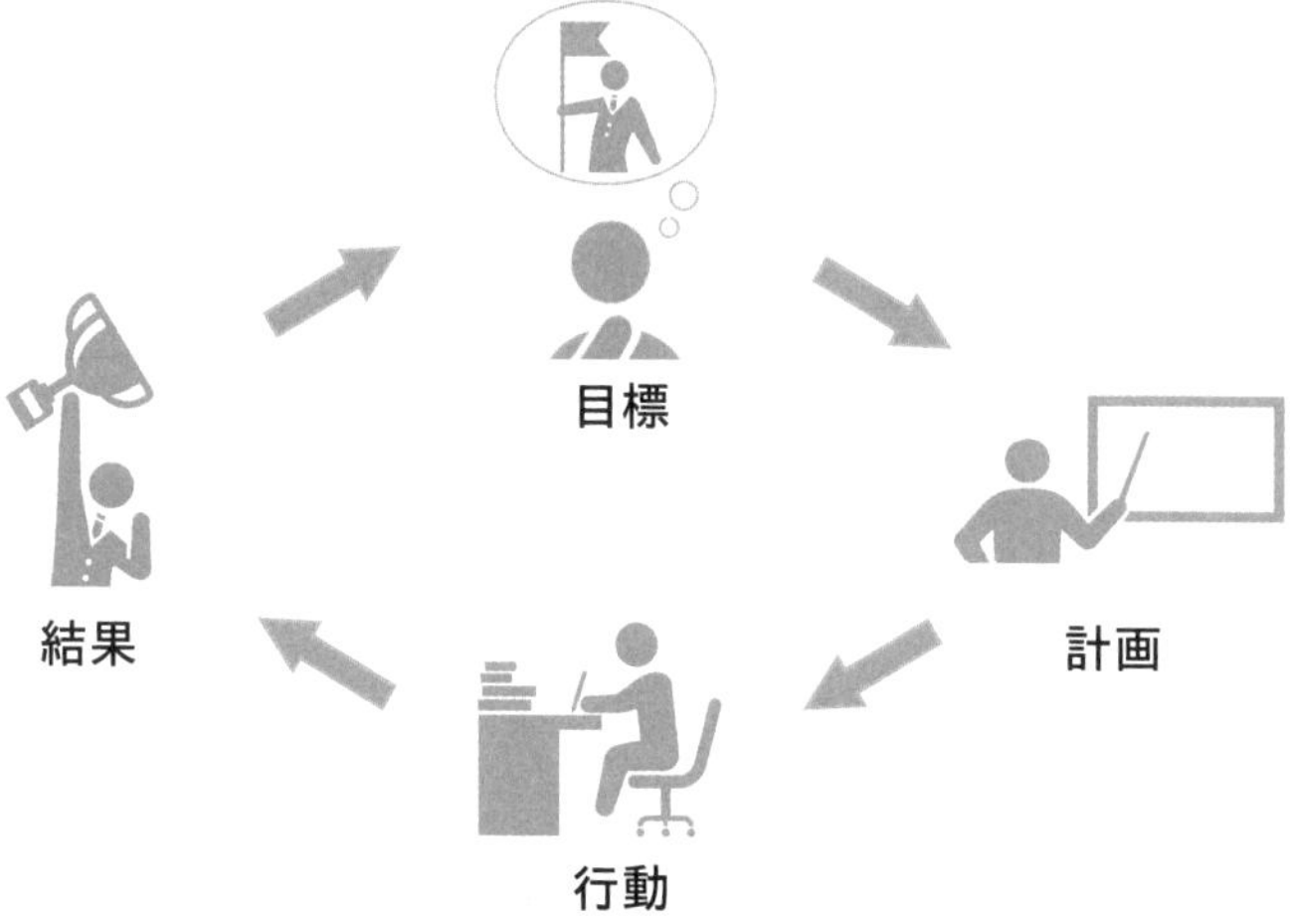

の学校では、3年間で12回の定期テストとなる場合もあります。

各中学で定期テストの回数が異なるにせよ、1回ごとに改善点を見つけ、ブラッシュアップをしていくことが大切です。

そのためにも、必ず結果の「見える化」を行ってください。

以上、「目標」「計画」「行動」「結果」の「見える化」を見てきました。

ぜひ、この4つの「見える化」を通して偏差値70超を目指してほしいと思います。

2

「見える化」で、取り組むべき課題が明確に！

苦手な教科を避けてしまうのには理由がある

ある日の授業で、生徒たちにこんな質問をしたことがあります。

「あるサッカーの選手がいたとしよう。その選手は、パスが狙いどおりに出せる。ドリブルも得意。でも、シュートが苦手。このような選手がいたとしたら、何の練習をするべきだと思う？」

質問をした後に、生徒たちに手をあげてもらいました。

「パスの練習」から順番に聞いていくと、「シュートの練習」のところで、生徒たちが、いっせいに手をあげました。

これは、誰でも答えられるような当たり前の質問です。

でも、実際にふだんの勉強となると、これと同じような練習ができていない子が、じつに多いのです。

たとえば、国語と数学と英語と理科は得意。でも、社会は苦手。そのような生徒がいたとしましょう。当然、力を入れて勉強するのは、「社会」ですよね。

でも、多くの生徒が苦手な教科から逃げてしまうのです。

得意教科から勉強をする子。苦手な単元をスルーして、テストに挑む子。そもそも、解決策を知らない子。塾や家庭教師など、質問する環境がない子。

理由はいろいろとあることでしょう。

しかし、現実の問題として、子どもたちの多くは先ほどの「何の練習をすべき?」という質問の正解なら言えるのに、勉強では苦手教科より得意教科の勉強をしてしまうのです。

いずれにしても、取り組むべき課題を明確にしないと、いつまでも苦手教科に気づかなかったり、苦手教科から逃げてしまったりする可能性があります。

逆に、課題さえ明確になれば、後は実行するだけです。

そのためにも、図2の計画の「見える化」シート(40ページ)や図4の行動の「見える化」シート(45ページ)を利用して、課題を明確にしていきましょう。

あるいは、図3（41ページ）や図5（49ページ）の生徒の例も参考にしてみてください。

いかがでしょう？

苦手教科の勉強の日数や割合が少なくなっていませんか？

もしそうなら、さっそく計画や行動を見直しましょう。

また、初めて定期テストを受ける子の中には、実際にテストを受けるまで、その教科が苦手だと気づかない場合もあります。

中学生のときの私が、まさにそうでした。

私は、初めての中間テストの社会で、自分でもビックリの60点台だったのです。

そこで初めて、自分は社会が苦手であることに気づきました。

当時から、およそ30年たった今でも、その点数を覚えているくらいですから、かなりショックだったのは間違いありません。

計画や行動は修正してもかまわない

ところで、学年1桁に入る生徒など、上位の子たちの多くは、図2の計画の「見える化」シートや図4の行動の「見える化」シートを、**後から加筆や修正**しています。

では、その子たちの「見える化」シートは間違いだったのでしょうか？

いいえ、違います。

その子たちは、学校のワークを解くことを通して、「どの問題が苦手なのか」「どの単元に間違いが多いのか」を把握し、取り組むべき課題として認識しているのです。

勉強の途中で苦手な教科や単元がわかれば、計画の「見える化」シートや行動の「見える化」シートに加筆や修正をしていきましょう。

苦手な単元をつぶすことで、間違いなく定期テストや実力テストの点は上がります。

「見える化」により、「いつまでに」「何を」「どれくらい勉強するのか」を明確にしていく――。

それができれば、後は自分で計画表に書いた取り組むべき課題に沿って、勉強を進めていくだけです。

必ず結果に結びつくことでしょう。

3

「見える化」は成績アップの羅針盤。ゴールから逆算してみよう

最高峰の難関試験に3つも合格した人に学ぶべきこと

さて、目標&結果の「見える化」シートや計画の「見える化」シート、行動の「見える化」シートは書けましたか？

まだ書けていない人は、実際に「見える化」をしていきましょう。

たとえば定期テストの場合だと、理想としては1カ月くらい前に、それらの「見える化」ができているといいでしょう。

勉強にフライングはありません。早いに越したことはないのです。

また、スピード違反もありません。1日にワークを20ページ進めても、誰も文句は言いません。

少し話は変わりますが、東大理三に合格し、医師、弁護士、公認会計士の試験に合

格した、河野玄斗さんをご存じでしょうか?

彼は最高峰の試験に3つも合格された、とても優秀な方です。

しかし、彼は司法試験の勉強をするにあたって、実際に合格した方々からアドバイスをもらっていたそうです。

なぜ、彼はそれほど優秀なのにもかかわらず、アドバイスをもらっていたのだと思いますか?

じつは、彼はすでに結果を出している方の助言を受けることで、**「試験までの全体像と勉強の流れ」**をつかんでいたのです。

もう、私が言いたいことは、おわかりですよね。

そう、計画を立てる際には、ゴールから逆算して考えていけばいいということなのです。

実際の例で考えてみましょう。

1学期の中間テストで100人中20位。

国語90点、数学95点、英語100点、理科80点、社会65点。合計430点。

次の1学期の期末テストの目標が10位の場合。

まずは、期末テストがいつなのか把握をしましょう。

期末テストが6月24日（月）と6月25日（火）だとわかったとします。

もし、今日が6月1日なら、期末テストまで4週間を切っていることになります。

成績の上位者であれば、期末テストに向けてスタートを切っているころです。

したがって、目標&結果の「見える化」シートにまだ記入をしていない場合には、このシートで**「中間テストの振り返り」**をしていきましょう。

次に、**「中間テストで点数が低かった教科」**に注目します。

今回の場合、理科や社会の点数が低いですよね。

つまり、理科や社会は、中間テストと同じ勉強法では同じ結果になる可能性が高いということ。

そこで、自分で書いた反省点や改善点を参考に、計画表を完成していきます。

たとえば、社会の反省点や改善点を、「学校のワークは、1回しか解いていなかった。また、教科書の音読をしていなかった。今度は、教科書を音読し、歴史の全体の流れをつかんでから、学校のワークを3回以上解く」と書いたとします。

図7 ゴールから逆算して計画を立てよう!

そんな場合には、**「教科書の音読をする」**と計画表の中に書き込んでおきましょう。

加えて、学校のワークを3回以上解けるように、ムリのない計画を立ててておくことも大切です。

ここでは、期末テストの日から逆算し、**「いつまでに」「何の教材を」「何回繰り返すのか」**ということの計画を立てておくことがポイントとなります。

なお、90点以上の3教科に関しては、1学期の中間テストと同じ勉強法でもかまわないと思います。

4

志望校の「見える化」でモチベーションをアップさせよう

手っ取り早く「やる気」を高める方法

「モチベーション」というのは、勉強をするうえでの原動力になるものです。そして、このモチベーションというのは、じつは「見える化」を使うことでアップさせることができるのです。

たとえば、あなたは**「高校の志望校」**が言えますか？

もし、まだ決まっていないというような場合は、まずは聞いたことがある高校をインターネットで検索してみてください。

その際には**「偏差値」**にも注目し、各高校の偏差値の違いについても把握しておきましょう。

すでに実力テストなどで自分の偏差値がわかっている場合には、**自分の偏差値より**

上の高校を志望校として考えてみることをお勧めします。

そのほうが、今後の勉強のモチベーションも上がりやすいでしょう。

まだ偏差値がわかっていないという場合には、**学校の定期テストの順位**を参考に、志望校を決める方法もあります。

たとえば、学校の定期テストで上位10％くらいであれば、偏差値65～70くらいの高校を志望校にしてみましょう。

同様に、上位20％くらいであれば、偏差値60～65くらいの高校を志望校にしてみてください。

また、インターネットで調べてみた高校に興味がある場合は、**実際に足を運んでみる**のもいいでしょう。

文化祭や公開授業などがあると思うので、積極的に参加してみましょう。

実際に目にすることで、入学後のイメージが湧いてくるはずです。

さらにその際には、**高校のパンフレット**なども持ち帰っておくといいでしょう。

モチベーションが下がったときに、そのパンフレットを眺めることで、再びモチベーションがアップすることもありますからね。

いずれにしても、このように目標となるゴールがあることで、それがモチベーションにつながることは多々あります。

中学生にもなると、ときに**「自分は、何のために勉強しているのか？」**と考えることもあるでしょう。

そんなときに、「志望校」があるのとないのとでは、自分の中での勉強する理由や意味づけが変わってきます。

そうしたことから、私の塾では小学生のうちから偏差値や高校の話をして、小学5年生のときには、実際に「高校の志望校」を書いて提出してもらっています。

そのうえで生徒たちはさまざまな実力テストで、その志望校の判定を目にしているのです。

これらの「目標」の「見える化」は、モチベーションを上げる大きな要因になります。

志望校という「目標」をもたない状態で勉強をするよりも、目標があったほうがモチベーションが上がる可能性ははるかに高くなるのです。

そして、モチベーションが上がるとどうでしょう？

まずあげられるのが、それが勉強時間の増加にもつながるということです。

実際の例を紹介しましょう。

中2の冬ごろに、具体的な志望校を決めた生徒がいました。

その生徒の志望校は、本人の偏差値からすると5~6も高い、偏差値70の高校でした。

「どうしても合格したい」という思いが強かったのでしょう。

その生徒は、中3になる前の春休み中、誰よりも早く塾に来て、自学をしていました。毎日、塾の授業とは別に、3時間~4時間ほど勉強していたのです。

もし、そのタイミングでまだ志望校が決まっていなければ、そこまで勉強時間が増えていなかったでしょう。

結果的に、その生徒の偏差値は少しずつ上がり、最終的に志望校の合格を勝ち取りました。

目標の「見える化」がモチベーションと勉強時間のアップにつながり、いい結果をもたらした好例と言えるでしょう。

5

「見える化」の目的は、失敗しないことではない！

失敗した原因は何？

中学校には、３年間で定期テストの成績が下がっていく子もいれば、ほぼ成績が変わらない子もいるでしょう。

逆に、３年間で成績が上がる子もいるでしょう。

その大きな違いは、何でしょうか？

その原因として１つあげられるのが、結果を次につなげる努力をしているかどうかだと私は考えています。

人生において、失敗しない人はいません。

勉強も同じです。

大切なのは、失敗をしないことではなく、「いかに失敗から学ぶか？」ということ

なのです。

テストで失敗したときに振り返る機会がないと、なぜ失敗したのかがわかりませんよね。そうなると、何度も同じ失敗を繰り返してしまうことにもなりかねません。

それでは、学力向上や成績アップは望めないでしょう。

周りの子の中には、失敗を次に活かして勉強をする子もいるはずです。

したがって、結果が出ない勉強法を繰り返している場合、同じ順位のキープすら難しくなります。

もし、テストで思うような結果が出なかった場合には、計画の「見える化」や行動の「見える化」、結果の「見える化」を活用して、原因を探してみましょう。

計画の段階で、ムリがあったのか?

計画どおりの行動ができなかったのか?

結果の「見える化」を怠ったのか?

さまざまな原因が考えられます。

繰り返しになりますが、失敗したことがいけないのではありません。

失敗から学ぶ姿勢をもっているかどうかが大切なのです。

ちなみに、失敗を続けても頑固に自分のやり方を変えない人がいます。そのような人は、絶対に成績が上がりません。自慢ではありませんが、私は勉強面でこれだけの失敗をしています。

- 中1の初めての中間テスト前に友だちと一緒に勉強をしようとしたものの、結果としておしゃべりばかりして集中できなかった
- 中1の初めての中間テストでは、2日前から本格的にテスト勉強を開始。勉強時間が足りず、定期テストの点数は400点台前半になってしまう。目標の450点に届かなかった
- 反復の重要性を知らず、社会の学校のワークは、定期テストまでに1回しか解かなかった。結果として定期テストの社会の点数が60点台になってしまった
- 学校のワーク1冊を完璧にしただけで、90点以上を目指そうとしていた。学校と塾のワークや市販のワークなど、最低2冊以上は完璧にするべきだった
- 実技教科の勉強時間が足りず、実技教科で点を落としてしまった。計画を立てて勉強するべきだった

図8 成績上位者の意識や行動を真似しよう！

パッと思いつくだけで、これだけの失敗をしているのです。

中学生のときから30年近くたちますが、今でもその失敗は忘れられません。

ただ、その後、自分より結果を出している友だちにやり方を聞いて真似をしたり、改善点を見つけて工夫することで、私は点数を伸ばしていきました。

結果的に、定期テストで４５０点以上をとるようになり、280人近い生徒の中で、学年１桁にも入れるようになりました。

ですから、あなたも失敗から学ぶ

ことで、テストの点数を伸ばし、順位を上げることができるのです。

ただ、できることなら、なるべく失敗を減らし、最初から目標どおりの結果を残したいですよね。

そのためには、**「成績上位者の行動」**を事前に知っておくのが一番。

というわけで、次の章では成績上位者の意識や行動、つまり〝サイトウ式「見える化」勉強法〟の両輪の2つ目である**「正しい学習習慣」**をお伝えしていきます。

第2章

着実に力がつく「毎日の勉強法」と「正しい学習習慣」

1

成績を上げる、一番基本の姿勢。授業は「目」を見て話を聞く！

これができるのとできないのとでは大違い

第1章では、〝サイトウ式「見える化」勉強法〟の「見える化」について詳しく説明しました。

この章では、〝サイトウ式「見える化」勉強法〟の両輪の2つ目である**「正しい学習習慣」**についてお伝えしていきます（「正しい学習習慣」については終章でも保護者の方向けに説明していきます）。

さて、私が塾の生徒たちに口を酸っぱくして伝えていることがあります。

それは、「授業は『目』を見て話を聞く！」ということです。

実際、学年1位や偏差値70超の子の多くは、授業中に先生の「目」を見て聞いています。

授業で先生の「目」を見て聞くには、まず、先生のほうに体を向ける必要があります。

頭だけ傾けるのではなく、体ごと先生のほうを向くようにするのです。

私は20年以上、塾で集団授業をしてきましたが、成績上位の生徒ほど、「目」が合う回数や時間が多くなっています。

言葉は耳から入りますが、言葉と一緒に目からもさまざまな情報が入ります。

そして、その言葉と情報が一致するからこそ、記憶に残るのです。

もう1つ、偏差値70超の子の特徴としてあげられるのは、授業中に教わったことの内容をできるかぎり理解したうえで覚えるようにしていることです。

理解や覚えることを後回しにはしていないということですね。

では、どうすればそれが可能になるのか？

ズバリ、授業中の先生の話を「誰かに説明するつもり」で聞くことです。

説明するには理解が必要であり、自分の頭の中で整理する必要がありますからね。

なお、それができたかどうかを確認するためのいい方法があります。

それは、その日の学校や塾の授業内容を誰か（親がいいでしょう）に話してみる、というもの。

上手に説明できないということは、理解がまだ足りていないことの証拠。

逆に上手に説明できれば、その日の内容が頭の中でいっそう整理されますし、誰かに説明することで、より理解が深まることになるでしょう。

もちろん、記憶にも残りやすくなります。

じつは、こうしたささいなことが、後に大きな差となって出てきます。

もし、学校の授業の内容の理解や記憶が90％の子と50％の子がいるとしたら、その後、その2人が学校のワークを解くにしても、何かを覚えるにしても、差がつくのは当然ですよね。

どれだけ、授業で吸収できるのか？

そこがポイントであり、人によっては意外な盲点となってもいます。

いずれにしても、最低でも先生の「目」を見て授業を聞くようにしてください。

きちんと聞く姿勢というのは「正しい学習習慣」の基本ですから、すべてを実践するのがムリだと思ったら、最初はこれだけでもかまいません。

図1 きちんと聞く姿勢は「正しい学習習慣」の基本

とはいえ、日常でできていないことを学校や塾で実践するのは大変です。

そのためにも、ふだんの生活の中、たとえば家族や友だちとの会話の場面などで、相手の「目」を見て話を聞くようにしてください。

ちなみに、教える側の立場からすると、よく目が合う生徒ほど、記憶に残っています。

「目」が合う生徒ほど、しっかり聞いているという印象を与えることもできるわけですから、内申のアップにもつながるかもしれませんね。

2

最短で最高の結果を生む勉強法

鉄は熱いうちに打て！

あなたは、ラクに成績を上げたいと思ったことはありませんか？

また、自分は記憶力が悪いと思ったことはありませんか？

じつは、最短で最高の結果を生む、そんな勉強法があるのです。


私は毎年、授業で生徒たちにこんな質問をしています。

「1週間前の夕飯のメニューを思い出せる？」

そう聞くと多くの生徒が、思い出すまでに時間がかかったり、思い出せなかったりしています。人は1週間もたつと、ほとんどのことを忘れてしまっているのです。

でも、もし1週間前のことでも記憶に留めておくことができたら、学校のテストでも結果が出ますよね。


ここからは、私の実体験の話をさせていただきます。

毎年、中学生の生徒たちに伝えている話です。

私は、小6の終わりの3月に地元の進学塾に入塾しました。

塾長は東大を卒業後、何十年も指導をされている方でした。

その塾長が、当時、教えてくれた勉強法があります。

それは、「授業で学習した内容をその日のうちに繰り返す」というもの。

たとえば、「その日、塾で学習した英語の問題を帰宅後の寝るまでの間に、もう一度解くように」と言われていました。

当時、私は、その勉強法に関して半信半疑でした。

授業で解いたばかりなので、答えや解き方を覚えているため、復習することに意味を感じていなかったからです。

そうした理由から、当初こそその日のうちに復習をしていたものの、結局、いつしか復習することをやめてしまいました。

しかし、それは大きな間違いでした。

じつは、「覚えているうちに繰り返すこと」にこそ意味があったのです。

忘れてから繰り返そうとすると、思い出すまでに時間がかかったり、問題が解けないことにイライラしたりするでしょう。

でも、覚えていれば、すぐに思い出せますし、早く解くこともできます。

次ページの**「エビングハウスの忘却曲線」**をご覧ください。

図を見ていただくとわかると思いますが、人は1日たつと半分以上のことを忘れてしまいます。しかし、その事実を多くの中学生は知りません。

だから、自分は記憶力がないと思い込んでしまうのです。

当時の私も、そう思っていました。

でも、それは間違いです。

私がお勧めする勉強法は、次の①〜③です。

①まず、その日の授業内容を寝るまでの間に、もう一度、すべて解き直す

②3日〜6日以内に、もう一度、解き直す

③そして1週間〜10日の間に、さらにもう一度、解き直す

図2 エビングハウスの忘却曲線

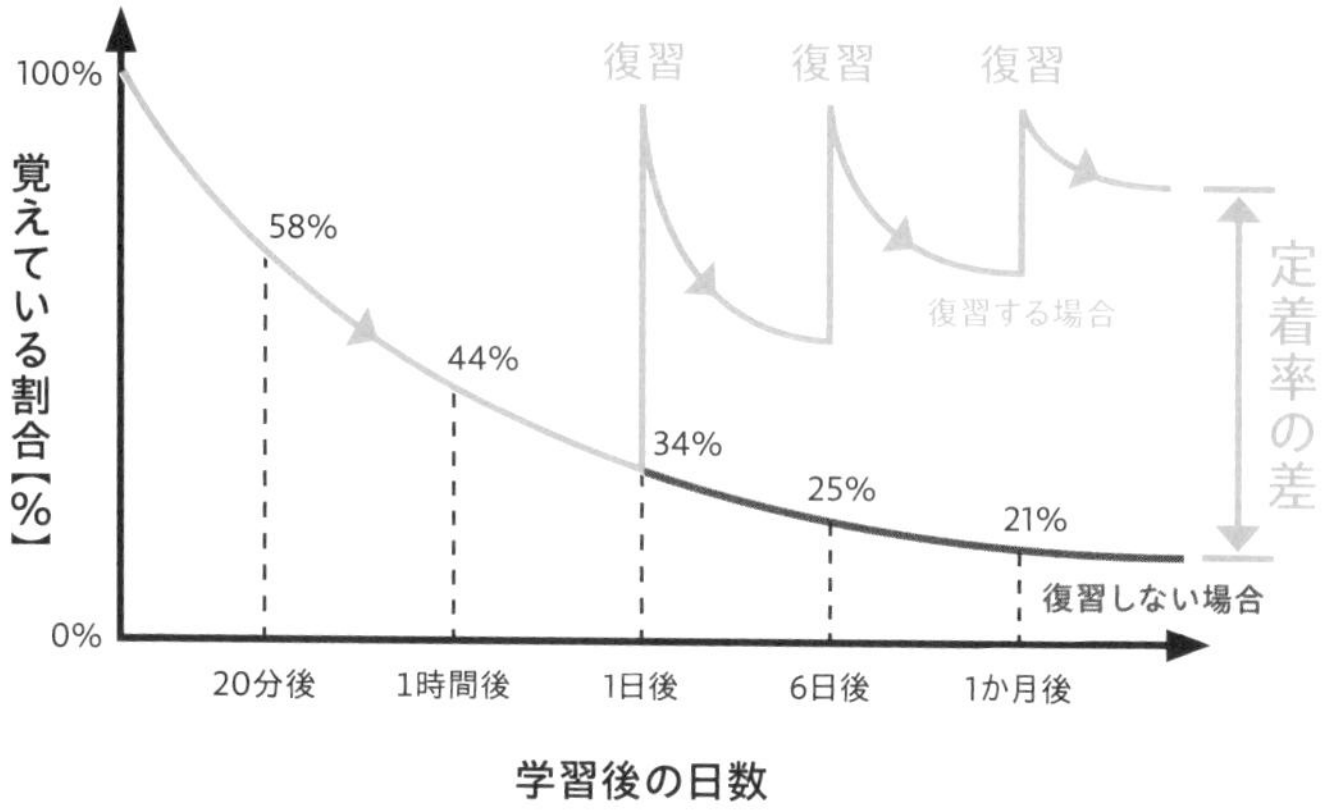

この①～③で一番大切なのは、①です。

どんなに忙しくても、①だけは忘れずに行ってくださいね。

それが、最小の努力で最大の結果を生む勉強法です。

とはいえ、ときには疲れている日もあることでしょう。

そんなときは、授業の内容のノートやプリントを見返すだけでもかまいません。

それなら、数分で終わりますよね。

なお、解き直す際の優先順位は、英語や数学などの理解が必要な教科となります。

英語や数学は積み上げの教科のため、定着しないまま次に進んでいくと、つまずきの原因となるからです。

また、塾の授業がない日には、習った範囲まで、学校のワークを解いてみてください。

それは、早めに定期テストの範囲の学校のワークを仕上げることにもなります。

何より、理解している状態から、知識や理解の「定着」にまでつながるでしょう。

やがて、それは**「長期的な記憶」**として蓄積されていきます。

また、もし塾に通っていない場合は、学校の授業で解いた問題の解き直しでかまいません。

その日のうちに、もう一度、解き直してみてください。

ちなみに、私と同じ中学校で、同じ部活に入り、同じ塾に通っていた同級生2人は、最終的に私よりいい成績をとり、偏差値70以上の高校に進学しました。

もう、おわかりですよね。

その2人は、「その日のうちに繰り返す」ことができていたのです。

3 偏差値70超の子は土日に何時間勉強しているの？

安定して結果を残す子はこれだけやっている

中学生は、土日に何時間勉強したら、上位に入れると思いますか？

次ページの図は、学年1位やオール5、偏差値70超の子たちの土日の勉強時間です。

同じ時間だけ勉強しても、必ず上位に入れるとは限りませんが、上位を目指すなら、**ふだんの土日で、最低でも3時間以上の勉強時間**を確保してほしいと思います。

もし、成績上位の友だちが、「まったく勉強してない。どうしよう！」とテスト前につぶやいても、絶対に信じてはいけません。

基本的に上位に入る子は、ふだんから人一倍勉強していますし、授業も人一倍集中して聞いていますからね。

図3 ふだんの土日の勉強時間 —— 偏差値70超の子の場合

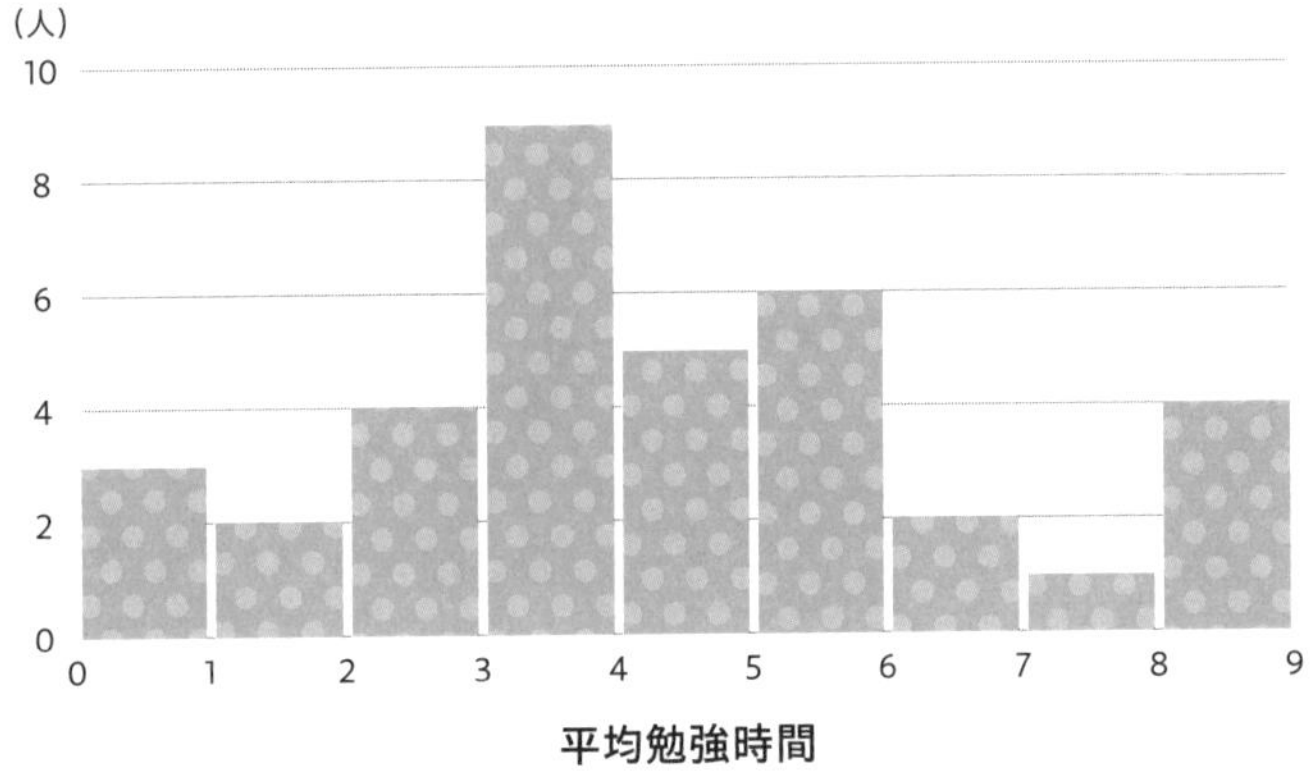

さて、上位に入るには毎日、勉強することが当たり前です。

偏差値70超を目指すなら、まずはその視点をもち、真似ることが必要です。

ただし、偏差値70超というのは、上位3％以内であり、学校では35人のクラスに1人くらいの割合しかいません。

そう簡単な話ではないので、その点は注意が必要です。

まずは、上位者と同じだけの勉強時間にすること。

最初は、そこに意識を向けましょう。

では、ここで平日も含めた勉強時間の目安を見ていくことにしましょう。

偏差値70超を目指すなら、平日は中

1なら最低でも**1時間半**、中2なら**2時間**の勉強が必要です。

中3の部活引退前なら平日**2時間半**、部活引退後の9月～11月なら**3時間半**は必要になるでしょう。そして12月以降の直前期は、平日に**5時間**くらいは勉強してほしいと思います。

土日は、中1なら**4時間**、中2なら**6時間**、中3なら**8時間**を目標に頑張りましょう（これらは、塾の授業時間を含めての時間でかまいません）。

もちろん、これらの時間以下でも偏差値70に到達する生徒はいますが、安定的に偏差値70超をキープしている生徒は、継続して勉強しています。

中1の生徒なら平日1時間半×22日＝33時間。土日を8日間と考えると4時間×8日＝32時間。1カ月の合計は、**65時間**です。

中2の生徒なら平日2時間×22日＝44時間。土日を8日間と考えると6時間×8日＝48時間。1カ月の合計は、**92時間**です。

同様に、中3の部活引退後は、平日3時間半×22日＝77時間。土日を8日間と考えると8時間×8日＝64時間。1カ月の合計は、**141時間**です。

なお、中間・期末テスト直前の土日の勉強時間は、次ページの図のようになってい

図4 テスト直前の土日の勉強時間 —— 偏差値70超の子の場合

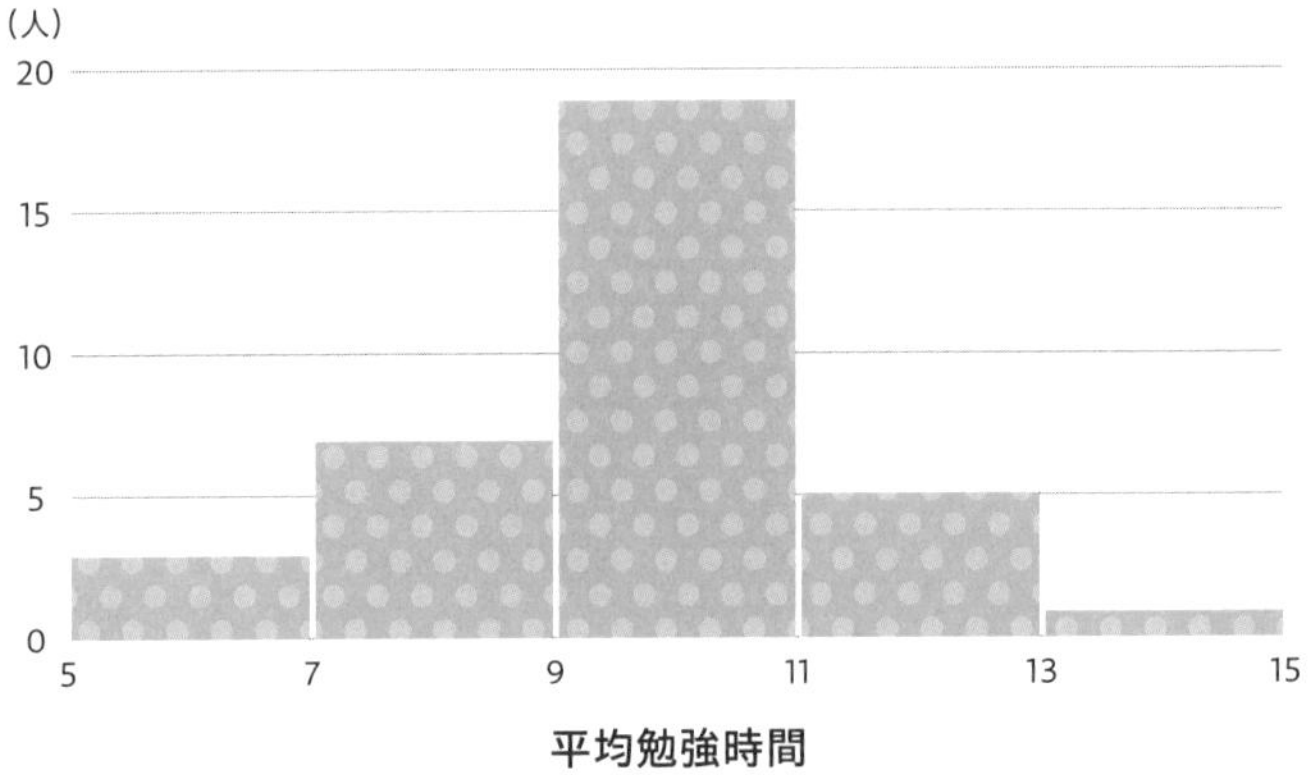

ます。

学年1位やオール5、偏差値70超の子は、**1日9時間以上**勉強しています。

この事実を知っただけでも、上位に1歩近づいたことでしょう。

後は、行動するだけです。

ぜひ、1カ月間、その日の終わりに、計画の「見える化」シートかカレンダーに勉強時間の数字を記入してみてください。

そして、上位の子と同じだけの勉強時間が確保できているのか、確認してみるのです。

「見える化」をすることで、何が足りないのかがわかることでしょう。

4 想像以上に効果がある！〝ながら勉強〟

〝ながら勉強〟で学年1位に！

前の項目では、成績上位者の勉強時間について見てきました。

上位者は、やはりしっかり勉強時間を確保していることがわかりましたね。

それに加えて、一部の上位者は〝ながら勉強〟をしています。

ここで、ふだんの長時間の勉強のみならず、〝ながら勉強〟をし、学年1位4連覇を達成し、現在も1位の連覇記録を継続している生徒の行動を紹介します。

その生徒は、テスト直前期に、ドライヤーをかけながら国語の音読をしていたようです。また、夕飯を食べながらの勉強もしていたとのこと。

お行儀などの話はいったん置いておいて、時間を確保するには〝ながら勉強〟も有効であるということの1つの例ですね。

図5 やり方しだいでは“ながら勉強”も有効

空いてる時間に勉強を…

では、他にはどんな〃ながら勉強〃があるのでしょうか？

用をたしながら、トイレの壁に貼られた歴史の年表などを眺めながらの勉強。

お風呂の壁に世界地図を貼って、湯船に浸かりながらの勉強。

私の塾の前を通る進学校の高校の生徒には、教科書や単語帳などを持ち歩きながら勉強をしている子もいます。

自転車や自動車との事故など、危険となる可能性があるため、お勧めはしませんが、歩きながらの勉強も１つの方法です。

また、ある私立高校では、夕方になると校内を歩きながら、英語の音読をしている子たちがいるそうです。

運動すると血流量が増えるため、脳にもたくさん酸素が送り込まれて活性化されるという話を聞いたことがあります。

その意味では運動との組み合わせもありですよね。

移動中の電車や車の中での勉強も、1つの〝ながら勉強〟です。

歯磨きをしながらの勉強も可能かもしれません。

部活で長距離を走るときには、頭の中でその日の授業内容のアウトプットをしてもいいでしょう。

音読をしたらスマホで録音しよう

ここで、1つお勧めの〝ながら勉強〟を紹介します。

効果は絶大なので、だまされたと思って真似をしてみてください。

まずは、国語や英語など、学校で学習している範囲の文章を音読しましょう。

そして、それをスマホで録音しておきます。

後は、自宅にいるときに再生するのです。

そうすることで、耳からの音声による勉強が可能となります。

歯を磨きながら、あるいは夕飯を食べながら、自らの音読を聞くことができますよね。

次ページの図にもあるように、音読自体は、多くの生徒が実践しています。

しかし、音読こそしているものの、音読を録音しての音声学習までしている子は本当にごくわずかというのが実情です。

視覚によるインプットも大切ですが、耳によるインプットも利用すれば、その効果は何倍にもなります。

成績アップに直結することは間違いありません。

ちなみに、音声学習のメリットは、やはりその手軽さにあります。

一度、録音しておけば、後は再生ボタンを押すだけです。

疲れているとき。忙しいとき。机に向かう時間がとれないとき。

そんなときでも、スマホとイヤホンさえあれば、音声学習を開始できます。

メリットの2つ目は、何度も繰り返し聞くことで、長期記憶になることです。

小学生のときに、国語の文章や九九の暗唱をしたことはありませんか？

図6 単に音読するだけではもったいない!

教科書を使って音読をしていますか?

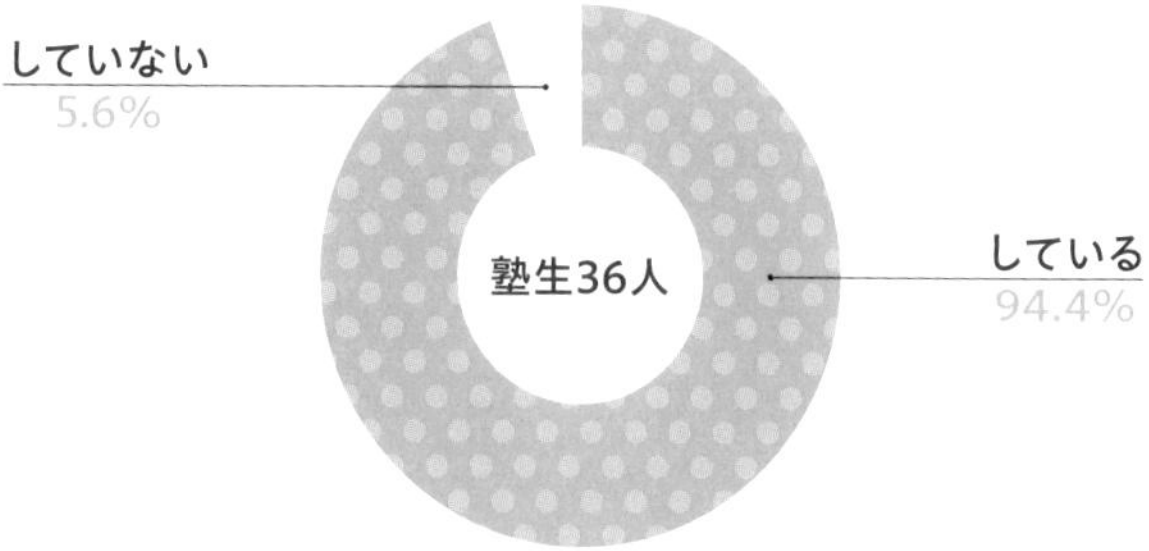

学年1位・通知表オール5・偏差値70超の生徒

暗唱できるようになるまでには、何度も繰り返し音読することが必要でしたよね。

音読が得意な子なら、暗唱自体が苦ではないのでしょうが、音読が苦手な子の場合、何度も読むのは大変です。

そこで、この録音再生による音声学習を利用すれば、簡単に耳から知識を入れることができるのです。

定期テストでは、語句の穴埋めなどの問題が出題されることがあるので、その対策にもなります。

この録音再生による方法を使えば、きっと少ない音読回数でも成果が出ることでしょう。

5

忙しい中学生のためのスキマ時間の活用法

成績上位者は時間を捻出するのがうまい

中学生は、部活に塾に習いごとと、想像以上に忙しい生活を送っています。
とはいえ、そんな中でもしっかりと結果を出す子がいるのも事実です。
じつは、そうした子たちは**「スキマ時間」**を活用しているのです。

①学校の休み時間

授業と授業の間の10分休みのうち、5分でも利用できれば、1日合計20分くらいは勉強時間を確保できます。

たとえば、その休み時間の合計20分で学校の宿題を終わらせることができれば、そのぶんだけ自分の時間をつくり出せるでしょう。

人と同じことをしていては、人並みの結果しか出せません。

中3の受験前ともなれば、休み時間に勉強する子は増えると思いますが、中1、中2では、そういう子は少ないでしょう。だからこそ、差をつけるチャンスなのです。

②学校の授業中

学校の授業の中で空いた時間に、学校のワークを進めている子がいます。先生によっては、授業中に早く問題が解き終わったら、学校のワークを解くことを許可してくれます。空いた時間はムダにせず、勉強時間として利用しましょう。

③通塾中の時間や授業開始までの時間

以前、通塾の車の中で勉強している子がいました。その生徒は、埼玉において御三家（浦和、大宮、浦和一女）と呼ばれる公立の難関校に進学しました。

「車中で勉強して酔わないの？」と聞いたことがありますが、しだいに慣れるようです（もちろん、これには個人差があると思います）。

また、塾の授業開始前にも、塾のテキストを開いて勉強している子もいます。

やはり、そのような生徒は成績上位者です。

ぜひ、ここで紹介したことを参考に、スキマ時間を有効活用してください。

6

「わかる」から「できる」へ。知識の定着度を明確にするには？

つい、「わかったつもり」になっていませんか？

勉強は、**「日々の積み重ね」**が大切です。

それは、多くの人がわかっていることでしょう。

実際、とくに定期テストの場合は、それまでの間に、定期的に知識や理解の確認をしていくことが必要になります。

授業を聞いて、わかったつもりでいても、テストでできるとは限らないからです。

そこで私の塾では、**「ペナテスト」**というテストを毎週のように行っています。

ペナテストとは、ペナルティーテストの略で、満点以外は不合格となり、追試を受ける必要があるというもの。

毎週のテストなので、範囲はそれほど広いものではありませんが、学力向上にはスモールステップが大切。

毎回、完璧に「できる」状態を続けていけば、学習のつまずきを防げるはずです。

授業を受けて「わかった」ことが、しっかりテストでの「できる」につながるのか、毎週のペナテストで確認できるのです。

たとえば、国語の漢字の50題がペナテストの範囲だったとしましょう。家で勉強し、そのペナテストで満点なら、定着度としては１００％ですよね。仮に8割しか書けなければ、定着度としては80％です。

数学でも同じです。

塾で、方程式の文章題を学んだとしましょう。

次の週にペナテストがあり、そのペナテストで授業の類題を解き、満点だった場合は、方程式をつくって解くところまでが理解できている証拠です。

もし、文章題で式をつくれなかったり、計算途中でミスをしてしまったりすれば、定着度が１００％とは言えません。

このようにペナテストをすると、知識の定着度がわかるのです。

93ページの図は、実際に私の塾で行っているペナテストの例です。

そのときによって問題数は異なりますが、たいてい5分〜10分程度で解ける問題数をペナテストとして出題しています。

なお、ペナテストは、覚えてきた漢字や語句を書いたり、英語や数学では問題を解いたりしますので、アウトプットをすることにもつながります。

インプットだけの学習では、なかなか記憶に残りませんが、**アウトプットを繰り返すことで、長期的な記憶にすることができる**のです（そのため、私の塾の中学生に関しては、文系と理系を合わせて、年間約100回のペナテストを実施しています）。

また、ときには授業内容と宿題の内容をセットにしてペナテストにしています。

宿題もセットにすることで、「宿題を終わらせること」を目的にするのを防いでいるのです。

ここで、こんな疑問をもたれたかもしれません。

「自分の場合は、どうペナテストをすればいいの？」と。

大丈夫です。

自分自身でもペナテストをすることは十分に可能です。

さっそく、その方法を紹介することにしましょう。

図7 私の塾で行っているペナテスト の例

○/○ 中3数学ペナテスト　名前（　　　　　　　　　　）

1. 次の式を因数分解しなさい。

(1) $16a^2 - 4a$　　(2) $x^2y - 5xy + xyz$

2. 次の式を因数分解しなさい。

(1) $a^2 + 7a + 12$　　(2) $16x^2 - 24xy + 9y^2$

(3) $tx - 3x + ty - 3y$

(4) $(b - 2)^2 - 6(b - 2) + 9$

［例1］学校のワークや市販のワークをペナテストの代わりにする

学校や塾で学習した1週間程度の内容を、学校や市販のワークを使って解いてみてください。

その際のポイントは、繰り返し取り組めるように、**ノート**に解くことです。

満点がとれれば、その内容が「わかった」だけでなく、テストでも「できる」になっているはずです。

満点以外の場合には、解答・解説を読み、理解をしたら、再度、間違った問題をノートに解いてみてください。

解けなかった問題を解けるようにする。

覚えていなかった語句を覚えて書けるようにする。

それが「わかる」から「できる」になったということなのです。

［例2］学校の小テストをペナテストの代わりにする

学年1位を何度もとり、公立の偏差値70以上の高校に進学した生徒の話です。

その家庭では、学校の小テストをペナテストのように扱っていたとのこと。

1問でも間違えると、その範囲のプリントを10枚解かされたそうです。

ある日、学校で漢字の50問テストがあったときのこと。まだ学校で習っていない漢字が1問あり、その生徒は1問間違いとなってしまいました。

その際、親に事情を説明したものの、「でも、最終的には覚えないといけない漢字だよね」と突き返されて、結局、間違った漢字以外も含めて、50問テストを10枚書いたそうです。

10枚は極端だと思いますが、このように満点以外の場合には、間違った問題以外も含めて、再度、1枚解いてみてもいいでしょう。

間違った問題以外まで解くことには賛否があると思いますが、そうすることで、よく見直しをして、間違えないように細心の注意を払うようになるのも事実です。

付け加えておくと、最終的にその生徒は現役で東大に進学しています。

以上、ペナテストのやり方を見てきたわけですが、ここまでの内容をおさらいしておきます。

まずは、できれば週に1回くらいのペースでペナテストに取り組む。

そして、満点以外の場合の**「追試」**も忘れないでください。

定期テストで結果が出ないのは、その前の段階で知識や理解の抜けがあったために、どんどんわからなくなってしまった可能性があります。

そうなる前に、ペナテストを通して、早期に学習の穴を発見し、定期テストや実力テストまでに「わかる」へ、そして「できる」ようにしてほしいと思います。

ここでお話ししたことを参考に、ぜひあなたも「ペナテスト」に取り組んでみてください。


さて、第1章と第2章では、〝サイトウ式「見える化」勉強法〟の両輪である「見える化」と「正しい学習習慣」について見てきました。

次の章からは、偏差値70以上の高校を目指すうえで大切な**「定期テストで結果を出す」「高い内申をとる」「実力テストで結果を出す」**ための方法を順に説明していきます。

ぜひ、これまでにお話しした「見える化」と「正しい学習習慣」の2つを踏まえながらお読みいただければと思います。

第3章

「中間・期末テスト」でグングン成績を伸ばす勉強法

1

学年1位をとる子は、何を心がけているのか？

3つの側面から分析してみると……

第3章では、**「中間・期末テストのための勉強法」**についてお話ししていきます。

すでにお伝えしたように、勉強において大切なことは成績上位の子の特徴や行動を知り、真似をしていくことです。

そこで、ここでは学年1位を達成した私の塾の生徒のアンケート結果から代表的なものをお伝えしていきます。

①目標や気持ち、生活面

・目標は常に500点（中間テストの5教科に関して）

- 「自分が1位をとる」という強い気持ちをもつ
- 睡眠時間はできるだけ多く確保する（その日のうちに必ず寝る）

どの教科も満点狙いですね。
また、最初から学年1位を目標にしているのがわかります。
さらに、睡眠時間にも気をつけている点もポイントです。

②学校での授業の受け方

- なるべく授業中に理解し、授業内容を覚えるようにする
- わからないところは先生に聞いたり、YouTubeで調べたり、友だちに聞いたりする
- 大切だと思うことや先生が話したことは、板書していなくてもノートにメモをする

「わからないままにしない」というのが、1つのポイントだと思います。

わからないことをそのままにしてあきらめてしまう生徒がいますが、そのような子は、ある程度成績が上がっても、どこかで伸び悩みます。

過去、授業中に一番メモをとっている生徒がいましたが、その子は学年1位や490点以上を達成し、高校でも学年1位とオール5を達成。

最終的に東大に現役で合格しています。

授業中にメモをしっかりとるのは、私のこれまでの指導経験からもお勧めです。

③自宅学習のコツ（ワークの反復、各教科の勉強法など）

- 授業中に先生がとくに話していたところの復習をする
- 授業で習った内容はできるだけその日のうちに復習する（短時間でもいいから）
- 教科書の音読
- 学校のワークや塾のテキストを繰り返し解き、完璧にする
- 学校のワークの1回目はできるだけテスト週間より前に終わらせる

・英語は教科書の本文のCDを聞きながらディクテーション（聞いた英語を一語一句書き取ること）ができるように書いて覚える
・国語はテスト範囲の漢字を完璧に読み書きできるように練習する
・社会は教科書の隅々（グラフや図も）まで見る
・数学は応用問題の解説を読んだり、先生に質問したりして、解けるようにする
・理科は学校のワーク以外の問題にも慣れておく
・前回のテストを見て、どうしてこの点数になったのか、どこを改善すればさらにいい点数がとれるかを考える時間をつくる

これを見ると、学年1位の子でも特別なことはしていません。**教科書の音読だったり、学校のワークの反復だったり、当たり前のことを徹底していますね。**

やはり学年1位の子も、第2章で見てきた**「正しい学習習慣」**を実践しているのです。

2

今の点数と目標の点数の「見える化」で、自分の位置とゴールを再確認！

改善点は「具体的」に書こう

さて、ここからは定期テストの具体的な勉強法について見ていきましょう。

まず、押さえておくべきなのは**目標の「見える化」**です。

私の塾の生徒たちには、定期テスト前に前回の定期テストの点数（初めての場合は、書く必要がありません）と今回の目標の点数を紙に書いてもらっています。

次ページの図は、第1章（49ページ）でも掲載した、学年1位と偏差値70超を達成した生徒のものです。

あなたは、前回の定期テストの各教科の点数を覚えていますか？

思い出せない場合は、テスト用紙やテストの結果表を探して、前回のテストの点数を書いてください。

図1 目標を立てるとともに前回のテストの振り返りが大切

●名前 ○○

●生徒の目標点

国語 95 点　数学 95 点　英語 95 点
理科 95 点　社会 95 点　5教科合計 475 点

●中間テストの順位（5教科）
1 位

●期末テストの目標順位（5教科）
3 位以内

●保護者の希望の点

国語 100 点　数学 100 点　英語 100 点
理科 100 点　社会 100 点　5教科合計 500 点

2学期の中間テストの各教科の点を書きなさい。点数が良かった教科（90点以上）に関しては、なぜ、点数が良かったのか理由を書きなさい。点数が悪かった教科（90点未満）は、なぜ悪かったのか理由を書きなさい。また、90点未満の教科は、どうすれば次に90点以上が取れるのか、自分なりに改善点を見つけなさい。そして、今回の反省から次に活かすための勉強方法等を具体的に書きなさい。

●中間テストの点……理由。改善すべき点。次に活かすための勉強方法等。

国語 99 点……教科書を音読した。授業プリント＋塾のワークを確認したり、白プリを解けるようにした。

数学 100 点……学校のワークと塾のワークを解いた。基本問題だけでなく、応用問題を解けるようにした。

英語 100 点……ライティングマスターを完璧に解けるようにした。また、教科書を音読し、熟語を覚えた。

理科 97 点……学校のワークと塾のワークを何周もした。学校の授業ノートを確認した。

社会 96 点……学校のワークと塾のワークを何周もした。教科書に出てきた法律を覚えた。

●保護者から子どもへ一言

○○（生徒の名前）が頑張ってきた定期テストもいよいよ最終決戦ですね。目標を立てても、頭の中は、「目の前の問題を解ける状態にする」ことだけを考えてテストに挑んできましたね。精一杯やってみよう! 大丈夫! 大丈夫!! 応援しています。

よかった点数でも、忘れていることはあります。

また、「点数が悪くて記憶から消し去りたい」と思うこともあるでしょう。

まずは、自分を知る意味でも、過去の自分と向き合うことが大切なのです。

目をそらさず、今の自分の位置を知りましょう。

目標設定のコツについては第1章でも述べましたが、高すぎても、低すぎてもいけません。

ギリギリ届くかどうかの点数に設定にしましょう。

平均点以上をとれている教科の場合には、前回の点数より、**「10点くらい上の点数」**を目標にしてみてください。

基本的に定期テストで90点以上なら、その勉強のやり方は間違っていません。

一方、90点未満なら、まだまだ改善点があるはずです。それを自分で見つけるようにしましょう。もし、改善点が見つからない場合には、この後でお話しする**計画の「見える化」**や**「最強の定期テスト分析法」**を参考にしてください。

勉強時間が足りなかったのか？　計画を立てなかったから、勉強時間に偏りが出てしまったのか？　定期テストの勉強を始めるのが遅かったのか？　授業をきちんと聞いていなかったり、授業のノートを書かなかったりしたのか？

原因は、いろいろあると思います。

また、この目標の「見える化」シートに取り組む際には、できれば保護者の方にも**「目標の点数」**と**「一言」**を書いてもらってください。

応援される人数は、1人でも多いほうがいいもの。

人は、誰かに見られたり、応援されたりすることで、本気になるのです。

保護者の方も、あなたのテスト勉強を応援しています。

ぜひ、保護者の方にも参加してもらってください。

最後にポイントを1つあげると、「具体的」に書くことが大切です。

じつは、中学生に目標の点数をとるために改善すべき行動を書かせても、「具体的」に書けない子が多いのです。

たとえば、改善点のところをどの教科も「頑張る」とだけしか書かない子は、点数が伸びません。

具体的に、「何を」「どれだけ」「どう頑張るのか」、その詳細が大切なのです。

とても重要なことなので、しっかり胸に刻んでおいてください。

3 絶対にいい結果につながる！計画の「見える化」

定期テストの勉強はいつから始めればいいの？

目標が決まれば、目標までの道のりを**計画の「見える化」シート**で事前に確認しましょう。

ここでは、第1章ではお伝えしきれなかった、学校のワークや塾のワークの取り組むペースについても触れていきます。

多くの学校では、生徒たちが定期テストの2週間前に予定を立てて、勉強を進めています。

でも、はたしてそれで学年1位が目指せるのでしょうか？

私の塾では、過去1学年から10人もの学年1位を輩出し、18年間、どの代からも学

図2 私の塾の生徒が定期テスト勉強を開始する時期

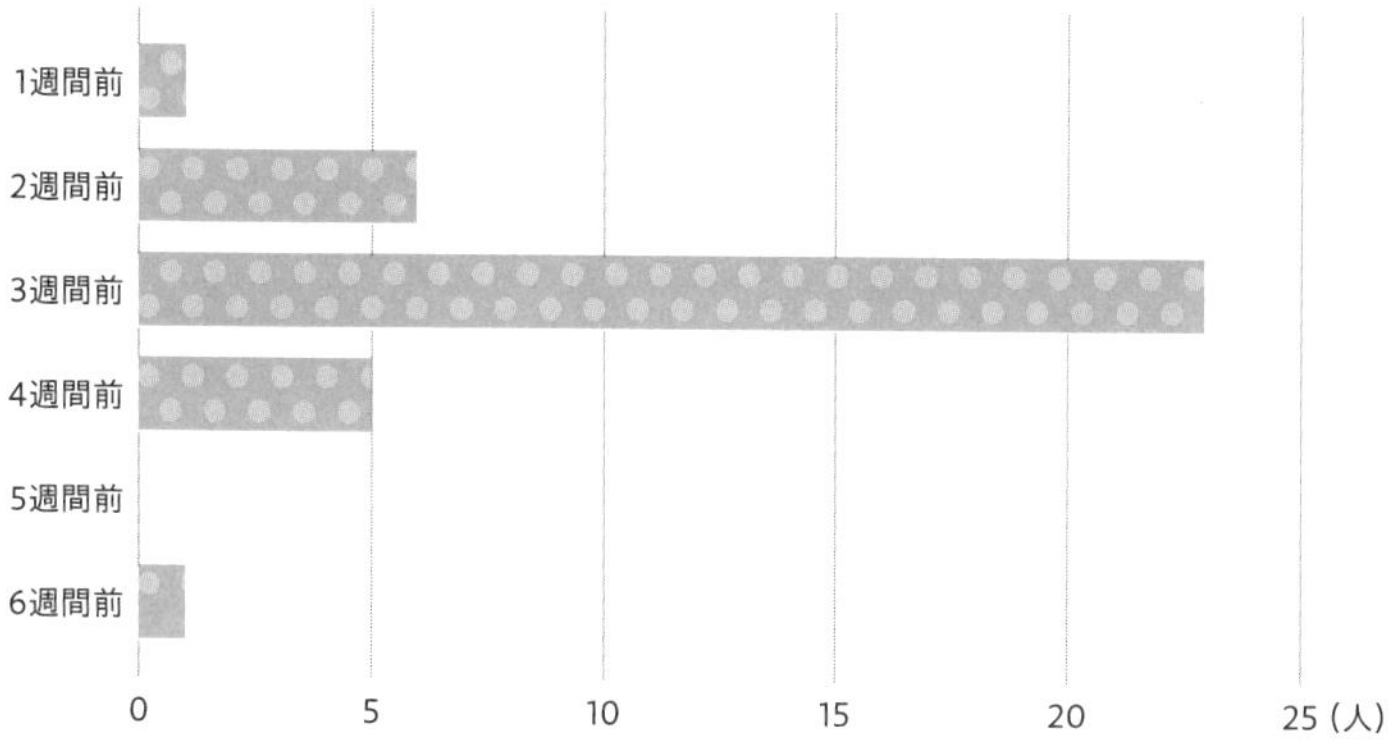

年1位を出してきました。

その経験から言えるのは、**2週間前から計画を立てるのでは遅い**ということです。

最低でも、3週間～1カ月の「見える化」が必須です。

上の図は、私の塾の生徒が実際に定期テストの勉強を始める時期についてアンケートした結果をまとめたものです。

多くの生徒が3週間前からスタートしていますね。

これを参考にして、計画の「見える化」をしていきましょう。

また、ふだんの自分の学習ペースなども考慮し、それが適しているかどうかの確認もしてください。

次ページの図は41ページでも掲載した偏差値70超を達成した子の計画の「見える化」シートですが、これを見ると定期テストの約1カ月前からの計画となっています。

たしかに、2週間前からの勉強でも学年の上位10％以内に入る子はいるでしょう。

しかし、それでは不十分です。

なぜなら、偏差値70超をとるには、実力テストで上位3％以内に入る必要があるからです。

基本的に、定期テストの順位と実力テストの偏差値は、比例傾向にあります。

一般的に定期テストの順位が高い生徒ほど、偏差値も高くなります。

ただ、ここで多くの方が気づかない盲点があります。

たとえば、4週間前からテスト勉強をスタートした生徒と2週間前からスタートした生徒の定期テストの点数が同じだったとしましょう。

この2人は、実力テストで同じ結果になると思いますか？

じつは、定期テストの結果は同じでも、4週間前からスタートし、コツコツ勉強している生徒のほうが長期的な記憶になりやすいため、範囲が広い実力テストでいい結果を残すケースが圧倒的に多いのです。

図3 コツコツ勉強したほうが長期的な記憶になりやすい

中間テスト計画表

日	月	火	水	木	金	土
28日	29日	30日 英(学)p.6-11 社(学)p.2-9	5月1日 数(学)p.4-11 理(学)p.2-9	2日 英(学)p.12-19 社(学)p.10-17	3日 予備日	4日 数(学)p.11-21 英(学)p.20-29 理(学)p.10-17 社(学)p.17-23
5日 数(塾)p.2-11 英(塾)p.2-13 理(塾)p.2-9 社(塾)p.2-13	6日 理(学)p.2-11 社(学)p.2-13 ※2週目(学)	7日 数(塾)p.12-17 英(塾)p.14-25 英:単語	8日 数(塾)p.18-23 理(塾)p.10-15 英:単語	9日 英(学)p.6-15 社(塾)p.14-21 英:単語	10日 予備日	11日 数(学)p.4-13 英(学)p.16-21 理(塾)p.16-21 社(塾)p.21-27
12日 数(学)p.14-21 英(学)p.22-29 理(学)p.12-17 社(学)p.14-23	13日 理(塾)p.2-11 社(塾)p.2-11 国:漢字 ※2週目(塾)	14日 数(学)p.4-13 英(学)p.6-15 国:重要表現 ※3週目(学)	15日 理(学)p.2-11 社(学)p.2-13 国:漢字	16日 数(学)p.14-21 社(学)p.12-23 国:重要表現	17日 予備日	18日 数(塾)p.2-13 英(学)p.16-29 理(学)p.16-21 社(塾)p.11-19
19日 数(塾)p.14-23 英(塾)p.2-13 理(塾)p.12-21 社(塾)p.20-27	20日 数(塾)p.2-9 英(塾)p.14-25 国:教科書 ※3週目(塾)	21日 理(塾)p.2-9 社(塾)p.2-11 国:教科書	22日 数(塾)p.10-17 英(塾)p.2-9 国:教科書	23日 理(塾)p.10-17 社(塾)p.12-21 国:教科書	24日 予備日	25日 数(塾)p.18-23 英(塾)p.9-25 理(塾)p.17-21 社(塾)p.22-27
26日 予備日 国:教科書 他に完成していない科目	27日 中間テスト 英語, 理科 国語	28日 数学, 社会	29日 テスト復習	30日 テスト復習	31日 テスト復習	6月1日

① 学校のワークは、最低3回転しよう!
② 1教科につき2冊以上のテキストを完璧にしよう!
　まずは、学校のワークと塾のワークを解こう!
③ 3週間前までに学校のワークを1回解こう!
④ 1週間前までに学校のワークを3周しよう!
⑤ 1週間前〜当日は2冊目のワークや3冊目のワークを完璧にしよう!

定期テストで高得点をとるための5つのポイント

ここで質問です。

自分でつくった計画表は、前ページの計画の「見える化」シートの下にある①～⑤を意識していますか？

また、それらを実践する時間的な余裕はありますか？

じつは、これらの①～⑤は、定期テストで結果を出すのと同時に、実力テストで偏差値70超を達成することにもつながっているのです。

① 学校のワークは、最低3回転しよう！

学校のワークを完璧に解けるようになれば、基本的にどの教科でも80点以上が狙えます。

最低3回と書きましたが、得意教科と不得意教科で違いがあってもかまいません。

たとえば、得意な数学は2回転、苦手な社会は5回転といった具合ですね。

塾に通っている場合は、すでに塾の数学の授業や宿題で演習をし、さらに学校でも問題を解いているでしょう。

そこで数学が得意となれば、2回転で完璧になるケースもあります。

得意な教科に関しては、臨機応変に対応してください。

②1教科につき2冊以上のテキストを完璧にしよう！

基本は、あくまでも学校のワークを繰り返し解いて、1冊を完璧にマスターすることです。

しかし、定期テストで、必ず学校のワークの問題と同じ問題が出題されるとは限りません。そのためにも2冊目、3冊目などのテキストを利用し、多くのパターンの問題に触れて、定期テストで初めて目にするタイプの問題を減らしておきましょう。

③3週間前までに学校のワークを1回解こう！

学校のワークを解くのに、1周目に時間をかけすぎてしまう生徒がいます。

ワークを解く際の注意点としては、**「調べながら解かない」「わからない問題は、すぐに解答・解説を読んで、問題番号にチェックを入れる」**などがあげられます。

④ 1週間前までに学校のワークを3周しよう！

学校のワークの2周目からは、1周目に解けずにチェックをした問題のみ解くようにしてください。さらに3周目は、2周目でも解けずにチェックをした問題のみ解くようにしましょう（得意教科の場合は、2周目で終わっても大丈夫です）。

⑤ 1週間前〜当日は2冊目のワークや3冊目のワークを完璧にしよう！

学年1位や偏差値70超を目指すなら、ぜひ2冊目、3冊目のワークに取り組んでみることをお勧めします。

ただし、学校のワークの反復が足りずに、まだ完璧になっていない場合には、ムリに2冊目に取り組む必要はありません。

以上、学年1位や偏差値70超の生徒の多くは、ここで説明した①〜⑤をしっかり行っています。

計画した段階で、学校や塾のワークの反復の余裕がないと思った場合は、定期テストの勉強を始めるタイミングを早めるなどの工夫をしてください。

4 必ず効果がある！「最強の定期テスト分析法」

まずは「テストをつくる相手」を知ろう

突然ですが、世界で一番ホームランを打った選手をご存じでしょうか？

世界一のホームラン王は、元巨人軍の王貞治選手です。

王選手は、現役時代に1日500回の素振りをしていたそうです。

この話を聞いて、あなたは何を思うでしょうか？

そして、なぜ王選手は世界一のホームラン王になれたと思いますか？

過去、授業で生徒たちに、同様の質問をしたことがあります。

ある生徒は、「人一倍努力をしたから、世界一のホームラン王になれた」と答えました。

また、ある生徒は、「時間を惜しまず、努力したから」と答えました。

中学生のころの私も、この話を耳にしたときには、「やはり世界一になる選手は、人一倍の努力をしている」のだと思っていました。

しかし、これは半分正解で、半分不正解です。

それは、時間をかけて結果を出す方法にすぎません。

どこかで耳にした話ですが、王選手の素振りは、ただ闇雲《やみくも》にバットを振っていたのではないのだそうです。

具体的には、1回バットを振るごとに、相手チームのピッチャーの球種やコース、スピードをイメージして、素振りをしていたとのこと。

野球は1人で結果を出すスポーツではありません。そこには、必ず相手のピッチャーがいて、そのピッチャーが投げる球を打つのです。

だからこそ、王選手は常に相手のことをイメージして素振りをしていたのですね。

では、中学生のテストはどうでしょうか？

そう、テストをつくる先生がいて、そのテストを受ける自分がいます。

野球と同じですね。

単に勉強に時間をかければ、必ず高得点がとれるということではありません。

過去、私の塾では490点以上をとった生徒が数えきれないくらいいます。400点くらいなら、学校の先生の話を聞いて、テスト前に少し勉強をすればとれる子もいるでしょう。

しかし、490点以上となると、そう簡単ではありません。

野球にたとえるなら、どんな球が来ても打ち返せるくらいに準備しておかなければならないでしょう。

それと同様に勉強であれば、どんな問題が出題されても答えられるように準備をする必要があるのです。

そのためにも、まずは先生がつくったテストの分析が大切です。

そう、「最強の定期テスト分析法」の1つは、定期テストの出題傾向を明確にすることなのです。

私は、このような話を交えながら、

「定期テストは、問題をつくる先生（相手）がいるよね。その先生の出す問題を分析する必要があるんだ」

と定期テストを終えた生徒たちに、授業の中で伝えています。

	④落とした問題とその点数、出題範囲（教科書・ワーク・プリントなど）	⑤落とした問題で点をとるには？
	・文章中の語句の意味問題 −3点 教科書の本文の下にあった ・漢字 −2点　文章中にあった漢字 ・指示語の記述問題 −4点　教科書・ノート ・筆者の言いたいこと選択問題 −3点 教科書	教科書本文にある言葉や漢字は隅々まで覚える 記述問題は授業中の先生の言葉を覚える
	・単位のミス −2点 ワークの問題ちょっと変わってた ・文章題 −3点　どこにもなかった	見直す際は単位をチェック ほぼすべてが教科書・ワークの問題の数字を変えただけ 最後は発展問題なので解くために日頃から応用問題を解く
	・リスニング −4点 たぶん先生が持っている教材の1つ ・ピリオド忘れ −1点 ワークの単語並び替え問題 ・スペルミス −1点　ワークの英作文 ・英作文 −3点　教科書の英作文	教科書・ワークの英作文の問題は丸暗記するつもりで リスニングは練習あるのみ 並び替え後、安心してピリオドを忘れがち。必ずチェック！
	・実験器具の使い方 −3点 プリント ・漢字ミス−1点　教科書の語句 ・用語 −4点　教科書	実験プリントの注意事項やまとめの部分は覚える 教科書の用語の暗記がまだ足りない
	・用語 −4点　教科書・資料集 ・資料の読み取り −5点　資料集 ・資料の穴埋め −2点　教科書の端のやつ	教科書や資料集の端にある絵とかにも注目して覚えておかないと100点はとれない 細かいところまでチェック 用語の暗記も丁寧に

図4 最強の定期テスト分析法

①相手(先生)を知る テストの作成者	②自分を知る 落とした点	③出題範囲と問題傾向	
国語 （田中）先生	国語 （ 12 ）点 平均 （ 54.8 ）点	教科書 漢字ノート 選択問題、記述問題が多め 漢字は漢字ノート以外に 教科書本文からも出る	
数学 （佐藤）先生	数学 （ 5 ）点 平均 （ 71.1 ）点	教科書 ワーク 教科書の章末問題やワークの 問題と似たような問題が出る	
英語 （鈴木）先生	英語 （ 9 ）点 平均 （ 65.3 ）点	教科書 ワーク リスニングがテスト最初にある 単語並び替え問題や 教科書本文の英作文が多い	
理科 （高橋）先生	理科 （ 8 ）点 平均 （ 64.2 ）点	教科書 ワーク 配付されたプリント 用語とワークにある記述問題、 プリントからも出る	
社会 （伊藤）先生	社会 （ 11 ）点 平均 （ 57.4 ）点	[歴史] 教科書 資料集 ワーク 教科書の人物名や書物などの 用語、資料集の絵から出る	

まずは、前ページの「最強の定期テスト分析法」の図を参考にして、①の欄に**「テストをつくった先生」**の名前を書き出してみてください。

何人の先生の名前が書けましたか？　同じ教科でも、テストをつくる先生によって、問題の出題傾向や難易度が異なります。

ときには２人の先生が協力して、テストを作成するケースがあります。その場合には、２人の先生の名前を書いてください。

次に、②の欄に**「平均点」**を書いてください。

平均点が60点台の場合は、一般的な難易度のテストです。平均点が50点台は低いほうですし、70点台は高いほうです。

これらも参考にしながら、難易度が高いテストなのか、低いテストなのか、判断してみましょう。

それができたら、今度は③の欄に**「出題範囲」**と**「問題傾向」**も書いてみてください。

毎回の定期テストで分析を行えば、ワークからの出題が多い先生なのか、難易度が高い問題を出す先生なのか、問題をつくる先生の特徴が見えてくるでしょう。

次に「自分」を知ろう

メジャーで活躍したイチロー選手がある時期、毎日のようにカレーを食べていたことはご存じでしょうか？

私は、「最強の定期テスト分析法」を生徒たちに話したとき、次のことを質問しました。

なぜ、イチロー選手は毎日、カレーを食べていたのでしょうか？

生徒たちは、「習慣化をするため」とか「バランスのとれた食事をとるため」などと答えてくれました。

じつは、イチロー選手は、その日のカレーの味で、その日の自分のコンディションを判断していたというのです。

味の感じ方で、その日の体調などを判断し、試合ではバットを短くもつなど、さまざまな工夫をしていたのですね。

そう、このイチロー選手と同じように、定期テストでは「相手を知ること」だけではなく、**「自分を知ること」**も大切なのです。

そこで「最強の定期テスト分析法」で大切なことの2つ目は、「自分の苦手な教科や単元、落とした問題の傾向を明確にする」ことになるわけです。

それでは、「最強の定期テスト分析法」の図を参考に「②自分を知る 落とした点」「④落とした問題とその点数、出題範囲（教科書、ワーク、プリントなど）」を書いてみましょう。

これらを書くことで、自分の弱点を把握するのです。

そして最後は、間違えた問題で点をとるにはどうすればよかったかを「**⑤落とした問題で点をとるには？**」の欄に書いてください。

このように書き出して分析すれば、きっと自分の苦手な教科や各教科の弱点が見え、勉強時間だけに頼った勉強から脱却し、４９０点以上を目指すことができます。

定期テストは、受けて終わりのものではありません。

さまざまな分析をして対策を立てることが重要なのです。

あなたも「最強の定期テスト分析法」を活用し、ぜひ次の定期テストの勉強に活かしてください。

5

中学生の勉強の王道。基本は学校のワークの反復！

ワークでは「間違えた問題」をチェックしよう

ここからは、定期テスト前にどのように学習していくのか、詳細を見ていきます。

まずは、学校のワークです。

たとえば各教科、5教科の学校のワークがあるとしましょう。

塾で、学校より先取りしている教科に関しては、それに合わせて学校のワークを進めておきましょう。

反復の際に重要なのが、**「間違えた問題」**のチェックです。

次ページの図のように、問題の横にチェックを入れておきましょう。

図5 間違えた問題にはチェックをつけておこう

1. 次の式を、文字式の表し方にしたがって書きなさい。

(1) $b \times 1 \times c \times a \times d$

✓(2) $y \times x \times x \times y \times z \times x$

✓(3) $(4 - x) \times (9 - y) \div (7 + z)$

先にもお話ししましたが、ワークを解くのが2回目のときには、1回目にチェックをつけた問題のみを解きましょう。2回目も解けなければ、またチェックをつけます。同様に、ワークを解くのが3回目のときには、チェックが2つついている問題だけを解きます。

1周目には時間がかかるでしょうが、2周目、3周目は、チェックがついている問題だけを解くので、徐々に反復の時間は減っていくことでしょう。

効率よくワークを進めるにはコツがある

ここからは、ワークを解く際のポイント

をお伝えしていきます。

ここでは、1つの例として、**英語や数学を塾で先取りしていて、国語や理科、社会は先取りしていないことを前提**に説明していきます。

英語や数学は、3週間前に1周目を終わっている状態を目安に解きましょう。

2周目の時期は、**3週間前〜2週間前**。3周目の時期は、**2週間前〜1週間前**。

3周目は、早く終わることも考えられます。

その際には、2冊目、3冊目として、塾のワークや市販のワークに取り組んでみてください。

2冊目は、**学校のワークと同じレベルのワーク**をお勧めします。同じレベルのワークであれば、学校のワークの類題が多く掲載されているでしょう。

3冊目は、**学校のワークよりレベルが上のワーク**をお勧めします。偏差値70超を目指すには、定期テストの勉強を通して本当の実力をつけていく必要があるからです。

1週間前〜当日は、2冊目、3冊目で、問題演習を増やしていきましょう。

実際、学年1位や偏差値70超を目指すのであれば、定期テスト期間のどこかのタイミングで、2冊目、3冊目を解くことは必須だと私は考えています。

学校のワークで精いっぱいの人も、せめて苦手な単元だけでも2冊目として市販のワークを解いてみるなど、工夫をして、演習の量を増やしてみてください。

国語や理科、社会の学校のワークは、**3週間前〜2週間前に1周目が終わっているといいでしょう。**

英語や数学と違ってワークの1周目が終わるのが遅いのは、塾で先取りをしていないという前提だからです。

学校のペースに合わせていては間に合いませんので、早めに終わらせるために、自分で学校の教科書を音読して、ワークを解ける状態にしておきましょう。

2週間前〜1週間前で2周目、1週間前〜前日までに3周目というのが目安となります。

ただし、もし苦手教科がはっきりしている場合には、英語や数学と同じように、3週間前には学校のワークを1回終わらせておくといいでしょう。

その際、不正解が多いことは、気にしなくてかまいません。

大事なのは、その後です。

2周目、3周目と繰り返す中で、**間違いのチェックが減っていけばいい**のです。3回で完璧になるとは限りませんから、4回、5回と完璧に覚えて解けるようになるまで繰り返すことを意識してください。

ちなみに英語や数学と同様に、2冊目は学校のワークと同レベルのワーク、3冊目は、1、2冊目より高いレベルのワークを解くことをお勧めします。

コンスタントに偏差値70超をとる生徒たちを見ていると、そのような勉強をしている子がほとんどです。

これをやったら、ワークの効果が半減

ここで、ワークを解く際に**「してはいけないこと」**を紹介することにしましょう。

①教科書を見たり、調べたりしながら解いて、すべて○にする

学校のワークに×をつけることを嫌がる子が一定数います。

「学校の先生に、勉強ができないと思われたくない」

「ワークにたくさんの×がついていたら、評価を下げられるかもしれない」

と思っているのかもしれませんね。

しかし、これではワークを解く意味が半減してしまいます。

安心してください。

×がたくさんあっても、学校の先生は評価を下げることはしません。

むしろ、不自然な形ですべて○となっているワークのほうが、評価を下げられてしまうことすらあるのです。

そもそも×がつくのは、決して悪いことではありません。

できない問題を発見し、そこを繰り返し解くようにしましょう。

そして、チェックは目立つように、問題番号の横に大きく書きましょう。

「できない」を「できる」ようにすることこそが本当の意味での勉強なのです。

②何ページもまとめて○つけをする

10ページ以上、まったく○つけをすることなく解き続ける子がいます。

でも、その間に同じ間違いをしていたら、10ページ分の問題を解く時間がムダになりますよね。

効率よく勉強し、かつミスを減らすためにも、2ページ〜4ページ解いたら、〇つけをしましょう。その際は、保護者の方に頼んでみるのもいいでしょう。

③〇つけだけをして、答えを書かない

答えを書かなければ、当然、覚えることはできません。

解答欄か、その近くに正しい答えを書くようにしましょう。

また、一度書いただけで語句を覚えるのは困難です。

ノートに何度も語句を書くか、書いた答えを緑ペンで塗って、赤シートで隠してアウトプットができるようにするのも1つの方法です。

④答えだけ書いて、解説を読まない

理科や社会の語句を覚える問題であれば、解説を読む必要はありませんが、数学や理科の計算問題など、理解が必要な部分で間違った場合には、解説をじっくり読むようにしましょう。

⑤解くことに時間をかけすぎて、反復する時間が足りなくなる

テストまでに1回しかワークを解き終わらない子がいます。

その場合、いくつか要因が考えられますが、その1つが、時間をかけすぎているケースです。

たとえば数学なら、1問に5分考えて答えが出なければ、次に進みましょう（5分と書きましたが、問題によっては3分でもかまいません）。

ただし、文章問題を読まずに、解けそうもないからと最初から答えを見たり、解説を読んだりするのはやめましょう。

ワークの1回目は、解ける問題と解けない問題の仕分け作業だと考えてください。

以上、ワークを解く際に「やってはいけないこと」を見てきました。

頭ではわかっていても、ついついやってしまいがちなことなので、ここでお話ししたことをしっかり覚えておきましょう。

6 ［教科別］定期テストの勉強法①——国語

文章題で高得点をとるにはどうすればいいの？

さて、ここからは教科別に定期テストに向けた勉強法を説明していきます。

各教科の勉強法は、定期テストを初めて受ける中学1年生から、すでに上位の成績をとっている子にも向けた、幅広い内容になっています。

それでは、まずは**「国語」**から見ていくことにしましょう。

① 漢字

漢字は、覚えれば確実に点がとれます。

何度も書いて覚えましょう。その際には、**ノートに書いて手を使い、声に出して、耳で聞いて、五感をフル活用する**のがポイントです。

5回〜7回ほど書いたら、今度は手でその漢字を隠して、しっかり書けるか、**「1人アウトプット」**をしてください。

塾の生徒たちのテスト勉強を見ていると、上位の子ほど、「1人アウトプット」が上手です。逆に、何行も繰り返して書くだけのインプットが多い勉強をしている子は、点数が伸びていません。

② 文法

文法とは、文の決まりやルールです。

基本的には授業の中で理解するように、集中して話を聞くことが大原則です。

内容を理解したら、**「学校のワーク」**で確認しましょう。さらに、塾のワークや市販のワークも利用し、**「類題の文法問題」**を解いてみてください。

なぜ、その答えなのか、納得して解けるようにするのがポイントです。

③ 文章題

まずは、**「音読」**をしていきましょう。

音読をしないと、教科書の内容がなかなか頭に入ってきません。

当然、高得点も狙えないでしょう。

音読の回数は、人それぞれ違ってかまいませんが、テストまでには**「本文を読まなくても、どこに何が書いてあるのかわかるレベル」**まで音読をしておきましょう。

その際、本文の中でわからない言葉があれば、辞書で意味を調べておいてください。

音読の後は、実際に学校のワークを解いていきます。

ただし、学校で配付する国語のワークは、その教科の先生も当然、目を通していま
す。

定期テストでワークと同様の問題を出題すれば、ほとんどの生徒が解けてしまうため、授業中のプリントや板書のノートの内容からの出題をする先生もいます。

やはり文章題の対策としても、学校のワークに加え、**塾や市販のワーク**などで、多くの問題を解いて出題のパターンや傾向をつかんでおくのがベストです。

7

[教科別]定期テストの勉強法②——数学

常に「上」のレベルを見すえた形で学習していこう

教科別の2つ目は**「数学」**です。

① 語句

意外かもしれませんが、数学では**「語句」**を出題する先生がいます。

たとえば、「投影図では、真横から見た図を（　　　　）。真上から見た図を（　　　　）。」というようになっていて、（　　　　）に合う言葉を書かせる問題です（正解は、立面図と平面図です）。

しかも、漢字で書かないと減点や不正解とされるケースがありますので、注意が必要です。

計算だけできても、この語句の問題で点数を落とし、90点以下となるケースがあります。そうなると通知表での5は難しいでしょう。数学で**「音読」**をする子は少ないですが、「語句」を覚えるという意味では「音読」もありだと思います。

②計算

数学で絶対に必要となるのが**「計算力」**です。何度も同じ問題を繰り返し解くのも大切ですが、解き方や答えを覚えてしまうくらい解いたら、新しい問題で確認してください。

最初は「正確さ」重視でかまいませんが、解き方を覚えた後は**「スピード」**を意識して解くことが大切です。

③文章題・関数・図形

文章題は、中1の**一次方程式**、中2の**連立方程式**、中3の**二次方程式**がメインとしてあります。

まずは、教科書レベルの基本となる文章題の解き方のパターンを覚えましょう。

その際には、解き方を**「理解」**して覚えないと類題が解けません。

なぜ、その式になるのか、誰かに説明できるくらいのレベルで解けるようになったら、**「教科書の章末レベルの問題」**にも挑戦してください。

数学で90点以上を目指すなら、やはり章末レベルや入試問題レベルを解けるようにする必要があります。

なお、解く際は必ず表を書いたり、数直線を書いたりして、手を動かしながら考えてください。

また、解答・解説を読んでもわからないときには、学校の先生や塾の先生に質問をしてみましょう。

「関数」や**「図形」**にも、基本となる解き方のパターンが存在します。

塾や学校で問題を解いたら、**その日のうちに復習**をしてください。そして、週末でもかまいませんから、学校のワークや塾のワークで類題を探して解いてみましょう。

ここで大切なのが、学校の定期テストで１００点をとるための勉強をしてはいけないということです。

疑問に思いましたよね？

私としては定期テストレベルの問題の場合、120点をとるくらいの勉強をしてほしいと考えているのです。

たしかに学校で1位をとるためだけなら、その必要はないのかもしれません。

しかし、偏差値70超を目指すためには、必要な勉強なのです（入試レベルの問題に関しては、第5章で市販のテキストを紹介していきます）。

入試では**「学校で学習した解き方以外のパターン」**の問題が出題されることもあります。

そうなると、中3になってからでは間に合わない可能性があるので、早い時期から入試レベルの問題にまで手を出して、鍛えておいてほしいと思います。

実力テストで結果を出すためにも、この定期テストの勉強のやり方が肝心です。

教科書レベルの問題に対して、問題文をじっくり読んで考えなければ解けないというレベルでは、本当の意味で力がついているとは言えません。

見た瞬間に、頭の中に解き方が浮かび、手が止まらない感じで動き出し、答えを導き出せるまでになれるよう、学習を進めていってください。

8

［教科別］定期テストの勉強法③——英語

余裕ができたら「シャドーイング」に挑戦してみよう

さあ、今度は**「英語」**を見ていくことにしましょう。

①単語

単語は、**「覚え方」**が重要です。

まず、読めないものは覚えられません。

新しい単語が出てくるたびに読み方がわからないと、覚えるのにも苦労します。

そこで、英語の読み方の基盤となる**「フォニックス（英語の音と文字の関係性）」**を学んでいただきたいと思います。

とはいえ、フォニックスは、英語の先生が指導してくれない学校もあるでしょう。

もしフォニックスの授業がない場合は、**「インターネット」**で検索してみてください。

いくつか、代表的なフォニックス表が載っています。

最初は面倒くさいと思うかもしれませんが、後から大きな効果を発揮します。

必ず、フォニックスを覚えてください。

フォニックスは、ボクシングにたとえるとボディーブローのように効いてきます。

フォニックスを覚えたことで、急に点数が伸びることはありませんが、私としては単語を覚えるうえで必要不可欠なものだと考えています。

さて、単語を読めるようになったら、ノートに単語の意味を最初に書き、**「りんご apple apple apple ……」**と繰り返し書いていきましょう。

その際には、書きながら**「apple」「りんご」「apple」「りんご」と声に出して、耳で聞くことをお勧めします。**

漢字を覚えるときと同様に「手」「口」「耳」「目」と、なるべく多くの五感を使って覚えるのがポイントです。

ちなみに私が中学生のときと比較して、中学校で覚える単語量はずいぶん増えました。

「単語帳」をつくって、毎日確認するのもいいでしょう。

②文法や読解

定期テストで高得点を狙うため、最初に手をつけておきたいのが**「文法」**です。

文の仕組みを理解し、自分のものになるまでには、「わかる」だけでは足りません。

また、「暗記＝理解」と勘違いし、例文などの暗記で高得点を目指そうとする人がいるかもしれませんが、それは正しい勉強法とは言えません。

仮に定期テストではそれなりの点数がとれたとしても、実力テストや模試では通用しないのです。

英語と日本語の一番大きな違いは、語順です。

ふだんの日本語の会話だったら、語順が違っても生活に問題はありませんが、英語のテストでは、そうもいきません。

語順の違いを理解し、「わかる」から「できる」になるまで、実際に学校や塾のワークを解き、本当に解けるのか、確認してほしいと思います。

文法を理解したら、教科書を訳してみましょう。

そして、その訳から、英文を書いてみてください。

最終的には、**日本語から英語に和文英訳**ができるようになると、入試の英作文対策にもつながります。

なお、定期テストでは、基本的に教科書の本文からの出題となります。

読解問題の練習としては、**学校のワークや教科書準拠の塾のテキスト**、さらには**『中学教科書ワーク』シリーズ（文理）**などがお勧めです。

③音読

繰り返しになりますが、英語の定期テストでは、ほとんどの中学で**「教科書の本文」**が出題されます。

したがって、本文を暗記するくらい**「音読」**をするのが効果的です。

最近の教科書にはQRコードがついており、そのQRコードを読み込むと**「リスニング」**ができます。

せっかくですから、「音読」と「リスニング」を繰り返しましょう。

そして、最終的には**「シャドーイング」**までできるようになると英語力がグンと伸びると思います。

シャドーイングとは、耳で聞いた英語を追いかけるように、真似をして発音する方法です。

シャドウ（影）を追いかけるイメージですね。

慣れるまでは難しいかもしれませんので、ある程度、音読やリスニングを繰り返した後に挑戦してください。

じつは、このシャドーイングを利用して、東京外国語大学に現役で合格した子がいます。

その生徒は、シャドーイングで英語の長文に慣れるだけでなく、リスニング力もつけていきました。

難関校を目指すのでしたら、ぜひ、シャドーイングにも挑戦してみてほしいと思います。

9

【教科別】定期テストの勉強法④——理科

記述問題の賢い攻略法

教科別の勉強法の4つ目は**「理科」**です。

①音読

まずは、教科書の内容を頭に入れないことにはテストで点数が伸びません。

ある生徒は、ワークを中心に解いていたのですが、なかなか点数が伸びませんでした。しかし、教科書を何度も**「音読」**してからワークを解くようになった結果、飛躍的に理科の点数が伸びたとのこと。

まさに「音読」の効果ですね。

ちなみに音読をする際には、重要語句に緑ペンで色をつけていきましょう。

そして、最後は赤シートで隠して、語句が頭に入っているのか、確認をします。

教科書に穴が開くくらい、何度も声を出したり、赤シートで隠したりして、確認をすることがポイントです。

②演習

音読などでインプットが終われば、今度は**「アウトプット」**の出番です。

その際には、基礎となる語句の確認問題や学校のワークにあるような**「一問一答形式の問題」**に取り組んでください。

そして、ある程度、解けるようになったら、ワークにある**「記述問題」**に挑戦しましょう（先生によって異なりますが、１００点満点のうち、20点以上、記述問題を出す先生もいます）。

記述問題とは、たとえば「裸子植物と被子植物の違いは何ですか？　理由も書きなさい」といった問題です。

「○○だから。」「〜から。」となるように、語尾にも注意して答えを書きましょう。

そして、学校のワークや塾のワークに載っているような記述問題は、繰り返し解いて、答えを覚えるくらいまで仕上げてほしいと思います。

とくに学年1位や偏差値70超の子は、記述問題で減点されない答えを書きます。**何となく、解答と同じように書くのではなく、ワークの答えと一語一句違わない答えを書いているのです。**

定期テストで満点を目指す子たちの特徴が、そこにも表れています。

なお、お勧めの問題集は、**『中学ひとつひとつわかりやすく』シリーズ（学研プラス）**や**『中学教科書ワーク』シリーズ**となります。

第5章でもお勧めの教材を紹介していますが、さらに難易度が高い教材である**『ハイクラステスト』シリーズ（増進堂・受験研究社）**などの問題集にも、ぜひトライしてみてください。

最後に、理科は**「映像で覚えるとイメージが膨らみ、理解が深まる単元」**でもあります。

光や音、磁界や天体などは、**「YouTube」**などを利用して調べてみるのもいいでしょう。

10

［教科別］定期テストの勉強法⑤——社会

教科書を徹底的に読み込もう

理科と同様、**「社会」**の勉強においても**「音読」**と**「演習」**は重要です。

①音読

社会（地理・歴史・公民）の勉強で大切なのは、**教科書の内容を理解したうえで重要語句を暗記していく**ことです。

音読をしながら、緑ペンで重要語句にマークをつけ、それが終わったら赤シートで語句を隠し、その語句をノートに書き出せるか確認してください。

じつは、**「ノートに書き出す」**という作業がとても重要です。実際に手を動かして思い出そうとすることで、知識がよりいっそう定着していくのです。

また、地理・歴史・公民のどれを勉強するときでも、**「資料集」**はとても役に立ちます。

わかりやすい図表がたくさん載っている資料集を読むことで、理解がより進むことでしょう。余裕がある場合には教科書と並行して資料集を読みましょう。

なお、先生によっては、教科書の中でも小さな文字で書かれている内容をテストで出題することがあります。社会は**「教科書の内容は隅々まで覚えていく」**くらいの気持ちで勉強していきましょう。

②演習

教科書の内容を理解できたら、**「学校や塾のワーク」**に取り組んでいきましょう(市販されているワークでもかまいません)。

ワークを解いている中でわからないことや忘れたことがあれば、教科書に戻って確認してください。

理科と同様、市販の教材でのお勧めは**『中学ひとつひとつわかりやすく』シリーズ、『中学教科書ワーク』シリーズ、『ハイクラステスト』シリーズ**などになります。

③地理

地理では、**「国名や山・川・海・平野などの名前」**が問われることがあります。さらに教科書や地図帳を活用して、**「それぞれの国の文化・特産物・時代背景」**も学んでおくと、歴史の勉強にもつながります。また、教科書の**「雨温図」**や**「生産量のグラフ」**なども一緒に覚えるようにしてください。

④歴史

歴史を勉強するときには、「語句の暗記」だけではなく**「歴史の流れ」**の理解も大切です。語句の暗記だけでは、歴史上の出来事の順序がわからなくなることもあります。音読をするときには、「歴史の流れ」を意識して読み進めましょう。

⑤公民

教科書以外からの問題として、**「時事問題」**が出ることもあります。新聞やテレビ、ネットのニュースなどで情報を仕入れておきましょう。ふだんから、世の中の政治や経済の流れに関心をもち、知識を入れておくと、授業の理解度も高まるでしょう。

11

[教科別] 定期テストの勉強法⑥——実技教科

中心となるのは教科書の「音読」と「学校のワーク」

「実技教科」に関しては、テスト自体がない学校もあります。
また、先生独自のプリントからの出題をする学校もあります。
そのため、必ずしも、ここに書いてある勉強方法が正解とは限りません。
その点は、ご了承ください。

①音楽

音楽は、基本的に**「暗記教科」**となります（ペーパーテストに関して、という意味です。他の教科も同様です）。

問題としては、作曲者の名前とその代表的な曲名が問われることがあります。

あるいは歌詞がカッコの穴埋めで出題されたり、楽器の名前が出題されたりもします。それらは、必ず覚えるようにしましょう。

また、楽譜は読めますか？　さらに四分音符やシャープ、ヘ長調やハ長調などを学習した場合には、その違いを理解しておくことも大切です。

まずは、テスト範囲の教科書を読み、学校のワークで解いて確認しましょう。

中には、学校のワーク自体がない学校もあるかもしれませんが、その場合には、市販のワークを購入してください（お勧めの市販のワーク類は、この項目の最後にまとめて書いてあります）。

先生によっては、ノートやプリントからの出題に偏る場合もあります。

実技教科は、とくにその先生に合わせた勉強が必要となります。

② 体育

体育も、基本は**「暗記教科」**となります。

その際、保健のテストか、体育のテストかで出題の傾向が異なります。

保健の場合には、体のつくり、健康、病気などの分野があります。

体育の場合には、競技に関するルールを覚えましょう。また、反則などの名称が問われることもあります。

基本は、教科書の**「音読」**。**「学校のプリント」**の確認。**「学校のワーク」**を解く。**「市販のワーク」**でさらに確認。この4ステップをお勧めします。さらに完璧を求めるのでしたら、市販のワークを2冊用意して解いてみてもいいでしょう。

③美術

テスト範囲になっている、絵画の作品名、画家の名前、画家の出身地など、その画家に関する知識や美術の作品の表現技法を理解しておきましょう。

また、美術のテストには、**「デッサン」**が出題されることもあります。定期テストの範囲表に書いている場合には、事前に絵を描く練習をしておきましょう。

その際、自分では上手に描けているつもりでも、美術の先生のセンスに沿っているかどうかはわかりません。練習の時点のデッサンを先生に見てもらって、アドバイスを受けておいてもいいでしょう。

そして、テストでは時間も限られます。

上手に描くだけではなく、**「時間内に描く技術」**も求められます。

ただ、短期間で美術のセンスを上げるのは、そう簡単ではありません。

やはり、そこは上手な人を参考にするのがベストでしょう。インターネットで検索をして、デッサンの上手な描き方を真似してみるのも1つの方法です。

教科書の**「音読」**。学校の美術のワークがあれば、**「美術のワーク」**。**「市販のワーク」**。**「授業のノートやプリント」**。**「デッサン」**。

美術は、この5つの勉強で定期テスト対策をしていきましょう。

理想としては、美術も2冊のワークを完璧にしてほしいので、学校のワークがない場合には、市販のワークを2冊用意してみてください。

④ 技術・家庭

技術は、**「製図」**や**「回路図」**がテストになることがあります。

ただの暗記ではないため、戸惑う生徒は多いと思います。美術のデッサンと同様に、定期テストの範囲になる場合には、事前に練習をしておきましょう。

技術の内容は幅広く、機械や道具の名称を問われたり、コンピュータの仕組みや使い方、用語などを問われたりすることもあります。

やはり**「学校のワーク」**や**「市販のワーク」**でアウトプットをし、実際に問題が解けるかどうかの確認が必要だと思います。

家庭科は、基本的には覚えれば点数アップにつながります。栄養素の種類やその働き、食材の切り方、裁縫のやり方など、ノートやプリントなどをよく見返してください。

また、テスト範囲の部分の教科書の**「音読」**も忘れずに行いましょう。

お勧めの市販のテキストを一挙紹介!

さて、ここまでのところでは、実技教科における勉強法を見てきました。

基本は、どの教科も教科書の「音読」が必須。さらに重要語句に緑のペンでマークをし、赤シートで隠し、確認していく方法がいいでしょう。

ノートやプリント類に書いた語句もテストに出る可能性が高いので、それもしっかりチェック。

そして、学校のワークと市販のワークで、最終確認をしてみてください。

最後に、実技教科でお勧めの市販のテキストを紹介しておきます。

- 『中学 得点UP問題集 実技4科』（増進堂・受験研究社）
- 『中学定期テスト 得点アップ問題集 実技4科』（旺文社）
- 『中学教科書ワーク　全教科書対応版　1～3年』（文理）
- 『中間・期末の攻略本　全教科書対応版　1～3年』（文理）

右の2冊は、4教科が1冊にまとめられています。

『中学教科書ワーク』や『中間・期末の攻略本』は、教科ごとに販売されています。繰り返しになりますが、学校のワークがない場合には、各教科で2冊用意しておいてもいいでしょう。

ほとんどが教科書やプリント類から出題される場合には、1冊で実技の4教科がまとめられているテキストでもかまいません。

実技教科の勉強の最後に、確認のためのアウトプットをする意味でも、市販のテキストが1冊はあると安心だと思います。

第4章

オール5の子がやっている「内申アップ」の方法

1

内申のつけ方や評価の項目を知ろう

受験において「内申」の重要度は意外なほど高い

さて、この章では、**内申をアップさせる方法**について具体的にお伝えしていきます。

定期テストや実力テストで結果を出すのも大事ですが、それと同時に内申アップにも力を入れておく必要があります。

実際、偏差値70以上の高校に進学するには、実力だけつければいいとは限りません。学校によって異なりますが、多くの高校で「内申」も高校入試に大きくかかわってくるからです。

たとえば、私の塾がある埼玉県の場合には、中1の内申から公立高校の入試に影響してきます。それも5教科だけではなく、実技教科も含めた内申が影響するのです。

一般的に、偏差値70以上の高校を目指すのであれば、9教科の内申で「42」くらい

の数値が必要です。

「5」が6個。「4」が3個で、合計「42」となります。

また、鹿児島県の場合は、中3の内申のみが対象になるのですが、驚くべきことに入試で5教科の内申が2倍になるのに対して、実技教科の内申は20倍になって、入試の当日点に加算されるとのこと（2023年現在）。

仮に5教科すべて5だった場合には、5×2×5教科で50点。実技教科がすべて5だった場合には、5×20×4教科で400点。内申の合計が450点満点。

そして入試の点数は、1教科90点満点の5教科で、450点満点。

内申と入試の点数の合計で900点満点となるわけです。

ちなみに埼玉県の私立高校の場合には、内申の基準をクリアするとほぼ合格に近い形で入試を迎えられるケースもありますが、合格が保証されているものではありませんので、当然、実力もつけておく必要があります。

いずれにしても、それだけ内申は、公立や私立を問わず、合否に影響する重要な要素となっているのです。

なお、入試における内申の計算方法は、都道府県や各私立高校によって異なりますので、インターネットで詳細をお調べください。

「評定」はテストの点数とふだんの姿勢で決まる

さて、近年、内申の項目が変わったのはご存じでしょうか？

通知表の項目が「知識・理解」「技能」「思考・判断・表現」「関心・意欲・態度」の4項目から、**「知識・技能」「思考・判断・表現」「主体的に学習に取り組む態度」**の3項目に変更となりました。

まずは、次ページの図を参考に、通知表のつけ方や項目について見ていきましょう。

通知表には、9教科（国語、数学、英語、理科、社会、音楽、美術、保健体育、技術・家庭）の成績が1～5の数値で示されています。

これを**「評定」**と言います。

評定は、3つの観点、すなわち「知識・技能」「思考・判断・表現」「主体的に学習に取り組む態度」の**「評価」**を総合して決められます。

それぞれ、A～Cの3段階で評価されます（中学によっては、◎、〇、無印の3段階となります）。

図1 通知表の「評定」の決まり方

教科	観点	評価	評定
数学	知識・技能	A	5
	思考・判断・表現	A	
	主体的に学習に取り組む態度	A	

「知識・技能」とは、国語の漢字や数学の計算問題、理科や社会の語句を問う問題などの**基本問題**が、この観点に入ります。単元テストや定期テストで90点以上の高得点をとれば、Aがもらえる可能性は高いでしょう。

「思考・判断・表現」とは、テストなら**応用問題**となります。数学の場合、テストの最後のほうに出題される文章題や図形問題、その他では英語の英作文や理科の記述問題、社会の資料を読み取る問題などが、それにあたります。

「思考・判断・表現」でAの評価を得るには、まず「知識・技能」と同様に、定期テストで90点以上を目指しましょう。

「主体的に学習に取り組む態度」とは、簡単に言い換えると「意欲的に学ぶ姿勢」です。

具体的には、**授業中の挙手や発言**がそれにあたります。また、**学校のワーク、ノート、レポート、授業の振り返りシートの記入**なども該当します。

もしかすると、「自分は授業中に手をあげるのが苦手だから……」と思った人がいるかもしれませんね。

大丈夫です。

手をあげなくても、しっかり学校の先生の「目」を見て授業を聞いていれば、問題ありません。

また、授業の内容を理解したときには、うなずいてみるのもいいでしょう。

挙手をしなくても、学校の先生には、しっかり授業を受けている姿勢が伝わるはずです。

2 ここで差がつく！ 内申が悪い子の共通項

いくらテストでいい点をとっても……

ここでは、内申が悪い子のエピソードを交えながら、内申が下がるポイントを紹介していきます。

まず、**「提出物の期限が守れていない」**場合には、「主体的に学習に取り組む態度」の項目の評価が下がります。たった1日でも過ぎたら、アウトだと思ってください。

また、何時と指定がある場合には、**指定の時間までに提出**するようにしましょう。

たとえば、朝の会の数学係が学校のワークを集める場合は、その日の夕方に出しただけでも、提出物においては減点の対象です。

中学時代の友人にT君がいました。

T君は、常に学校の上位10％以内に入る成績優秀者でした。

しかし、そんなT君でしたが、中2のとき、夏休みの読書感想文を未提出のまま、2学期の終業式を迎えました。

すると、定期テストでは90点以上をとっていたのにもかかわらず、国語の通知表は「2」だったのです。

本人の中では、それほどの失点ではないと思っていたのかもしれませんが、それくらい提出物を出さないことは減点対象になるのです。

とくに実技教科は、定期テストがないケースもあり、そのような場合には作品がテストの代わりとなります。

未提出の場合には、ある意味でそのテストは0点扱いとなります。注意が必要です。

また、私が中学生当時の同級生にI君がいました。

そのI君は、社会が非常に得意でした。

定期テストは毎回、90点以上をキープ。

しかし、I君は、**授業中にうるさかったため、いつも社会の通知表は「2」**でした

（実際に社会の先生から、「I君はうるさいから、通知表は2ね」と言われている場面を見たことがあります）。

本来、I君のテストの点数からすると、授業態度が悪くなければ「5」がつくのが普通です。

とてももったいないことだと言わざるを得ません。

以上、ここでは私の同級生を2人紹介しました。

彼らの例からもわかるように、たとえ定期テストで90点以上をとっても、提出物や授業態度によっては、このように「5」がつかないこともあるのです。

なお、次ページに**「内申が悪い子の共通項」**をまとめました。

ここにあげたようなことをしてしまうと、せっかく努力をしてテストでいい点をとっても、ムダになってしまうことにもなりかねません。

裏を返せば、ここに書いてあることの逆のことをすれば、内申アップにつながるということです。

ぜひ、参考にしてみてください。

図2 内申が悪い子の共通項

- 提出期限を守れない
- 授業中に騒いだり、ふざけたりしている
- 指示を聞いていても、スタートが遅い
- 定期テストの点数が低い
- 挙手が少ない
- ノートの字が汚い
- 授業中に後ろを向いてしまう
- 美術や技術の作品が、題材に沿っていない
- 提出物の作品をおろそかにする
- 授業中に、先生の指示どおりに動けない
- 目を見て話を聞いていない
- 小テストの点数が低い
- 体育着の着方など、細かいところに気を配れていない
- 体育の振り返りなどのコメントの行数が少ない
- 音楽の歌のテストで、声が小さい
- 遅刻が多い

3 内申を上げるために必ず取り組むべきこと

聞くは一時の恥、聞かぬは一生の恥

前の項目では、内申が悪い子の共通項について見てきました。

そこで今度は、**「内申を上げるためにやっておいたほうがいいこと」**について説明したいと思います。

たとえば、あなたは「3」を「4」に上げるには、何が必要か、自分の中で明確な答えが出ていますか?

あるいは、「4」を「5」にするためには、何が足りないのか、すでにわかっていますか?

じつはミスなく、努力の方向性を間違えることなく、内申をアップさせる確実な方法があります。

それは、直接、その教科の先生に聞く――。

これに尽きます。

私のケースで考えてみましょう。

私は中2の3学期に指揮者に立候補し、中2全体での合唱のときは体育館の舞台に上がり、指揮者をしました。

また、音楽の定期テストの勉強にも力を入れて高得点をとりましたし、歌のテストでも大きな声で歌いました。

「これだけ頑張ったのだから、きっと5がとれるだろう」

私は、そう確信していました。

ところが、中2の3学期の音楽の成績は「4」だったのです。

私は、その通知表を受け取った直後に職員室に行き、音楽の先生に「4」だった理由を尋ねました。

その先生いわく、他に「5」をつける対象の子がいたとのこと。

「納得がいかないけど、しかたがないのかなあ」

私は、しぶしぶその場を去りました。

でも、今ならわかります。

単に5がつかなかった理由を聞いただけではダメなことを……。

私が聞くべきだったのは、その先、つまり「どうすれば5がとれるのか？」ということだったのです。

そんな経験から、私は塾の生徒たちには、この話をした後に「どうすれば、次に3から4、あるいは4から5に上がるのか、聞いてくるようにしてね」と伝えています。

そう、自分の頭で考えるより、先生の意見のほうが何十倍も正確ですし、そのとおりに実行すれば、評価が上がる可能性が高いのです。

最小の努力で、最大の結果を生むと言っても過言ではないでしょう。

また、学校の先生も人間です。

積極的な生徒を応援したくなるのは、人間として自然なことだと思います。

質問にくる生徒に対して、学校の先生が評価を下げるようなことはしないでしょう。

4

学年評定オール5の子の特徴を大公開。成功者から学べ！

できる子はここまでやっている

私の塾には、過去、オール5を達成した生徒が数えきれないくらいいます。

しかも、3年間、学年評定がオール5を達成した生徒も多数います。

ここでは、そうした生徒の特徴を見ていきます。

中には「あざとい」と感じる部分があるかもしれませんが、このような生徒がいるのも事実です。

とはいえ、「そこまではやりたくはない」と思うところもあるかもしれませんから、ご自身の状況に合わせて、参考程度にお読みください。

それでは、さっそく生徒たちの実際の声を見ていくことにしましょう。

まずは、オール5を達成した中3のT君が心がけていたことについてです。

●国語……物語文、説明文、古文などの分野ごとに勉強のやり方を先生に質問する

●数学……先生に難しい問題集の解説をしてもらう。学校の問題集の発展問題でもよいが、しっかり考えたというアピールをする。また、授業中に周りの人に積極的に教える→予習が必要になるが、アウトプットになっていい＋「関心・意欲・態度」の評価がプラスになりやすい（当時は、「関心・意欲・態度」の旧評価）

●英語……interesting（興味深い、おもしろい）とinterested（興味がある）など、似たような意味の形容詞があった際には、その違いや使い分けなどの質問をする

●理科・社会……先生に細かいところの説明を聞く。理科では実験の薬品などの質問、社会では歴史の質問をする

●体育……先生の前で、大きい声を出す。準備体操では、体を大きく動かす。プリントやノートでは、ぎっしり余白を埋めるようにする。実技はとにかく一生懸命に取り組む

●美術……難しいところは積極的に先生に質問する。苦手な場合は、上手な人に教えてもらう
●音楽……口を大きく動かして歌う。リコーダーは、ひたすら練習する
●技術・家庭……美術と同じように積極的に先生に質問する
●その他……前提として、挙手をする。テストは、最低でも8割超え。メモはしっかりとる

次は、学年1位とオール5、偏差値75超で模試1位を達成した中3のRさんです。

①まずは5教科

学校によっては実施していないかもしれませんが、定期テスト前（諸活動停止期間）の放課後に開催される**「質問教室」**には必ず参加します。

とくに質問・疑問がなかったとしても、他の人の質問・疑問の解説を聞くだけでも意味はあると思います。気になったことはメモをして自分の知識にしてしまいます。ここでしか得られない情報をゲットできることもあります。

今回の英語の質問教室では「2年生の単語も出すから」と先生が断言し、実際に出題されました。

②次に実技4教科

「家庭科」は、授業での作業中に「こういうふうにしたいのだけど、どのようにしたらいいのでしょうか？」「ここのところがうまくいかないので教えてください」などと質問をして具体的なアドバイスを求めます。

また、**「調理実習」**では、盛りつけたものを写真撮影し、後日先生が評価をするので「映え」を狙って食器やカトラリーも持参します。学校の備品を使ってもいいのですが、見た目が全然違います。ランチョンマットまで持参した子もいました。

「美術」は、「○○図法で出題する」と予告されることもあるので、その方法で必ず1回は描いて練習しておきます。

「体育」は、準備運動を大きなかけ声でしっかりとやりました。苦手な種目も下手なりに全力で取り組み、**「主体的に学習に取り組む態度」**でA評価を目指しました。

1年のときはB評価ばかりだったので、Aをもらっている友だちに**「振り返りシー**

ト」を見せてもらい、それを参考にしてびっしり書いたらA評価になりました。

「音楽」は、歌うときは恥ずかしがらずに、多少音痴でも大きな声で歌うのが大切だと思います。合唱祭のパートリーダーも積極的に引き受けました（「パートリーダーとして頑張っていた」と通知表にも記載されていました）。

ペーパーテストはしっかり勉強したうえで受けるようにしました。歌詞・作詞者・作曲者、何調・何拍子か？　は要暗記です。詞の意味もよく考えました。また、教科書を熟読しました。

以上、オール5をとった2人の生徒の声を紹介しましたが、いかがでしたか？

両者とも、いろいろと工夫・努力をしていることがわかりますよね。

次ページに、オール5を達成した私の塾の生徒たちが行っていたことの中で代表的なものを掲載しておきます。

ぜひ、自分でも取り組めそうな内容については、行動に移してほしいと思います。

行動してこそ、結果が変わるのです。

図3 オール5をとった子たちがやっていること

- 先生にテスト前にいろいろ質問する（↓どんな問題が出るかがけっこうわかる）
- 副教科などで席が自由な場合は友だちと一緒でもいいので一番前に座る
- 「やってもやらなくてもいい」と言われたものは必ずやる
- 提出物は、評価基準を満たしたものをつくってからオリジナリティを出す
- 提出物は丁寧に仕上げ、期限までに必ず提出する
- ノートはきれいに書く
（とくに社会のノートに調べた情報や知識をノートの余白がなくなるくらい書く）
- 学級委員になる（↓先生に好印象を残せる）
- 3年間、先生が持ち上がりなら、最初の1年間が勝負

5

5教科は何点とれば「5」がとれる？

小テストをおろそかにしてはいけない

いったい、何点をとれば5がとれるのか？

これは、誰もが気になることだと思います。

基本的に、5教科は中間・期末テストで90点以上をとれば5がつくはずです。

ただし、英語の単語テストや国語の漢字テストなどの小テストをする先生の場合には、それらもおろそかにはできません。

また、平均点が低く、90点以上の生徒がいないようなテストの場合には、80点台でも通知表で5がつくことがあります。

90点以上をとるのが難しいテストでも確実に5をとるために小テストでは常に満点を目指してください。

すでにお伝えしたとおり、内申の評価はテストの点数だけではなく、授業態度や提出物にも影響されます。

5教科のテストで5をとるために90点以上をとるというのは、あくまでも必要条件で、それだけで絶対に5が約束されるものではありません。

ちなみに、都道府県によっては、中間・期末テストの点数が50点満点の中学もあります。

その場合には、一般的には50点満点の9割にあたる45点以上が必要となります。

その他のことで言えば、最近では授業時間を確保するために、2学期制の学校が増えてきました。

事前に学校の**「年間計画表」**に目を通しておき、定期テストの日程を自宅のカレンダーに記入しておくといいでしょう。

苦手な教科をどう克服するか？

さて、ここでオール5をとるにあたって、女子や男子にとって何が**「壁」**になるケースが多いのかを、私の塾の生徒たちのケースで考えてみたいと思います。

図4 オール5を目指して頑張ろう!

まず、女子の場合は**「体育」**が課題となるケースが多くなっています。

小学生時代に何かしらの運動をしてこないと、体育で5をとるのは難しいようです。

男子の場合は、実技教科の**「音楽」**や**「美術」**で5がとれるかが、オール5達成のキーポイントとなります。

課題となる教科がある場合は、ぜひオール5を達成した生徒の真似をし、学校の先生にアドバイスをもらうようにしてください。

そして、次に紹介する**「内申アップの秘策」**も参考にして、内申アップを図りましょう。

6

3年間、学年評定オール5の生徒に見る内申アップの秘策

皆がやらないことにこそチャンスがある

3年間、学年評定がオール5だった生徒の内申アップの秘策――。

それはズバリ、「夏休みや冬休みの自主課題」です。

学校で異なるとは思いますが、多くの中学で、夏休みや冬休みの長期休暇に国語の読書感想文や理科の自由研究、美術のポスターなどの自主課題が出されます。

宿題となるか、自主課題となるかの違いはあると思いますが、自主課題の場合には、そこに内申アップのチャンスが広がっています。

実際、3年間、学年評定オール5を達成した私の塾の生徒は、積極的に自主課題に取り組んでいました。

とはいえ、世の中の子の多くは、自主課題を「やりたくない」と思っていることで

しょう。

実際、種類にもよりますが、取り組む生徒が学校の中で半分以下の課題もあるでしょう。中には、クラスに1人だけが提出するような自主課題もあるはずです。

でも、だからこそ、その自主課題に取り組んだ生徒の評価がプラスに働くのです。

ここで、長期休暇の自主課題に取り組み、内申で5を狙うポイントを紹介します（すべての自主課題に手をつけるのは、さすがにムリがあると思いますので、ある程度、絞ったほうがいいでしょう）。

1. すでに通知表で5がついている教科の自主課題はやらなくても大丈夫です。
2. 内申が低い教科を中心に、自主課題に取り組みましょう。
3. 夏休みの自由研究など、材料が必要なものは事前に親に買ってもらってもいいでしょう。または、親と一緒に材料を買いにいってもいいですね。
4. 時間や労力に見合った結果が出るのか、先を見越して動くことが大切です。たとえば、夏休み中に100時間をかけて、1つの自由研究に取り組んだとしましょう。時間をかけた熱量やその行動は素晴らしいと思います。

しかし、それだけの時間があれば、2学期の先取りの学習や1学期の復習をしたほうが内申アップや偏差値アップにつながるでしょう。

または、30時間程度で終わる自主課題を3つ選んで取り組んだほうが、総合的な内申アップにつながると思います。

いかがでしょう? やる気になってきましたか?

ぜひ、あなたも今回、紹介した**「自主課題への取り組みの秘策」**を実践し、オール5達成を目指してほしいと思います。

最後に、**「内申アップのためのチェックリスト」**を掲載しました。

次ページの15個のリストのうち、実際にできているものにチェックをしてみてください。

チェック欄を3つ用意したのには、理由があります。

これは、学期ごとに振り返り、1回目よりチェックが増えるかどうかを確認できるようにするためです。

1つでもチェックの数が増えることを願っています。

図5 あなたは、何個チェックがつきましたか？

内申アップのためのチェックリスト

- □□□ 提出物の期限が守れているか
- □□□ 提出物は丁寧に仕上げているか
- □□□ 提出物は余裕をもって提出しているか
- □□□ 授業中、先生の目を見て聞いているか
- □□□ 先生に反抗的な態度をとっていないか
- □□□ 先生に積極的に質問しているか
- □□□ 挙手をしているか
- □□□ 自主課題に取り組んでいるか
- □□□ 定期テストでしっかりと点数をとれているか
- □□□ 単語テストなどの小テストでも点数がとれているか
- □□□ 実技教科で作品をつくるとき、手を抜いていないか
- □□□ 5教科と同じように実技教科にも力を入れているか
- □□□ 振り返りシートはしっかりと書いているか
- □□□ 自分の内申を振り返って、改善しようとしているか
- □□□ 学級委員や生徒会、行事の委員などをしているか

第5章

「実力テスト」や「入試」でしっかり結果を出す勉強法

1

そもそも実力テストとは、どのようなものなの？

直接、合否に大きく影響することもある

さて、この章では**「実力テストと入試で確実に結果を出す方法」**について見ていくことにします。

まず、実力テストとは、それまでに学習した内容がテスト範囲となる、広範囲のテストです。

実力テストでは、一般的に基礎、基本から応用問題まで幅広く出題されます。

そして点数に差をつけるため、教科によっては**「難問」**が何割か含まれています。

ですから、実力テストで満点を狙うのは非常に困難です。レベルや教科によっては、50点台や60点台でも、偏差値が70を超えることもあります。

そのような実力テストですが、このテストを受けることで、自分の偏差値と現在地

がわかります。

実力テストの種類によっては、偏差値だけでなく、志望校の判定もわかるのです。

たとえば、埼玉県では「北辰テスト」と呼ばれる実力テストがあります。

埼玉県の私立高校の多くは、中3の2学期以降に、生徒と保護者と私立高校の先生とで個別相談を行います。その際、この北辰テストの偏差値や学校の内申を高校側の先生が入試の参考にします。そのため、北辰テストで高い偏差値をとっておくと、合格の可能性や特待生になる可能性がアップするのです。

北辰の偏差値によって合格が保証されることはありませんが、個別相談をするうえではとても重要な意味をもっています。やはり、私立高校の先生側の立場で考えれば、優秀な生徒を集めたい気持ちがありますからね。

その意味でも、日ごろから実力テストに向けての勉強をしておくことが、とても大切なのです。

実力テストは5つのパターンがある

実力テストの種類は、大きく5つに分けられます。

①各中学で行う実力テスト

受験者数は、基本的にその中学の1学年の生徒数です。地域によって学力差があるため、偏差値があまり参考にならないケースがあります。その点は、注意が必要です。

②市町村や地域でまとめて行う実力テスト

受験者数は、その地域での中学生の1学年の生徒数です。数百人～数千人規模のテストとなることが多いでしょう。1万人を超える地域もあるかもしれません。

③業者が行う実力テスト

受験者数は、数千人～数万人の規模になります。

埼玉県の場合は、北辰テストが一般的です。都道府県によっては、**「全県模試」**という名称の模試となります。基本的に、受験者数が多い実力テストほど、偏差値や志望校の判定の信頼度は高いでしょう。

④塾などを通して行う全国規模の実力テスト

受験者数は、多いものだと1学年で数千人から数万人の規模となります。全国の猛者たちと競い合うことで、上には上がいることを知ることでしょう。

⑤駿台模試

各都道府県のトップ校など、上位校を受験する生徒を対象とした模擬テストです。受験者のレベルが高いため、①〜④の実力テストとは異なり、偏差値が低く出る傾向にあります。一般的な模試より、10〜20くらいは低くなる人が多いでしょう。

まずは、実力テストは範囲が広いことと、テストのレベルが中学の定期テストより高いことを知っておきましょう。

そして、それぞれの実力テストの時期も、事前に知っておいてください。先にあげた①や②の実力テストは中学3年生の2学期から行うところがあります。学校に任せていては、受験までに偏差値が届かないケースや手遅れになるケースも出てきます。

そのため、中1から③のテストや④のテストを受けておきましょう。

理想を言えば、小学生の早い段階で何度か実力テストを受けておくと、苦手な単元や教科がわかり、早めに高校受験の対策をすることが可能になります。

難関校を目指している場合には、ぜひ中1から実力テストを受けてみてください。

2

実力テストで偏差値70超の結果を出している子の特徴

間違いを間違いのままにしては絶対に伸びない

この項では、実力テストで結果を出している子の特徴をまとめていきます。

次の①～⑤は、私がこれまでの経験から感じた偏差値70超の子の特徴です。

①中間・期末テストでコンスタントに学年上位10％以内に入っている

②1年の365日のうち、体調を崩した日以外、毎日のように勉強している

③中間・期末テストの最終日や年末年始など、多くの人が休んだり、遊んだりしたくなるような日も継続して勉強している

④基礎、基本の勉強を怠らない。ただ解けるようにするのではなく、クラスで一番速く解けるくらいにしている

⑤規則正しい生活を送っている

私の塾で偏差値70超を達成した子のアンケート結果の中でも、とくに多かった意見を次ページに掲載しました。

中3は、過去問や入試問題をバリバリ解いて、結果を出しているというイメージですね。

毎年、偏差値70超をとる生徒を見てきていますが、そのレベルになると、たしかに発展的な問題を解くことも必要になります。

また、中には、**「苦手な単元や模試で間違えたところを何回も勉強する」**というものがありました。

偏差値70超を目指すには、一度、間違った問題で同じ間違いを繰り返さないことが重要なのです。

ここで、間違い直しについて、ある生徒のエピソードを書いておきます。

その生徒は、**「間違いノート」**を作成していました。

図1 偏差値70超を達成するためにしてきたこと

- 睡眠時間をしっかりとりながら勉強する
- 基礎、基本の徹底
- 宿題の完成度を上げる
- 定期テストの勉強をしっかりする
- 1つの問題集が完璧になるまでずっと解く
- 苦手な単元や模試で間違えたところを何回も勉強する
- 理社は一問一答を繰り返す
- 自分で計画を立てて毎日コツコツ勉強／長期的な勉強とテスト前などの短期的な勉強とで区別
- 塾の授業をとても集中して聞いて、1回ですべて理解するまで問題演習をする
- 北辰テスト（実力テスト）の過去問を解く
- 電話帳（『全国高校入試問題正解』）をそれぞれ最大3周して、初めての問題をなくす
- 過去問を解いて、わからなかったものをまとめておくノートをつくってテスト前に確認する
- 今の自分には何が足りていないのかを模試ごとにしっかり分析する
- 偏差値72以上からは発展問題の特訓をする

次ページをご覧ください。

その生徒のノートには間違った問題の問題文が書いてあり、その下に、自分がテストで書いて間違った答えも書いてありました。

さらに、その横には正しい答えも書いてあります。

ここまでは、よくある間違いノートですよね。

しかし、その生徒は、それだけでは終わりません。

さらに、「なぜ間違ったのか、その理由」も書いているのです。

ここまでの間違い直しをできる生徒は、そう多くありません。

「一度間違った問題は、絶対に間違わない」という執念を感じました。

そして、結果としてその生徒は偏差値70以上の高校に見事、合格したのです。

いかがでしょう？

あなたは間違い直しをしていますか？

そこには、正しい答えだけではなく、間違った理由なども書いてありますか？

ぜひ、参考にしてほしいと思います。

図2「間違えた理由」まで書くと完璧!

数学テスト直し

2 $x=3,\ y=-4$ のとき、次の式の値を求めなさい。

③ $3x-\frac{1}{2}y$

ミス7　正解11

●解説
まず、xとyに数字を当てはめる。すると、$3\times3-\frac{1}{2}\times(-4)$になる。これをかけ算に直し計算する。$9+2=11$。

●間違えた理由
yを代入するときにマイナス同士のかけ算をマイナスのままにしてしまった。

3 (1) 3kmの道のりを分速amの速さで歩いたときにかかった時間を求めなさい。

ミス$\frac{3}{a}$　正解$\frac{3000}{a}$

●解説
まず式を作るが、道のりと速さの単位が合っていないので、道のりの単位を速さの単位に変える。つまり、式は$3000\div a$になる。わり算の省略は分数にするというものなので、答えは$\frac{3000}{a}$分。

●間違えた理由
キョリの単位を合わせるのを忘れてしまった。

3 定期テストでは結果が出ているのに、実力テストでは結果が出ない子の特徴

あなたにも思い当たるところはありませんか?

定期テストでは上位にいるのに、実力テストでは結果を残せない子がいます。次の3つのパターンが、代表的なものになります。

① 短期集中、一夜漬けタイプ

テスト範囲がそれほど広くない中間テストや期末テストの場合、テスト前だけ勉強して、何とか乗り越えてしまう子がいます。

そのような子は、塾や学校の授業を真面目に聞いて、そのときにある程度理解します。そしてテストの1週間くらい前から、あわてて追い込むようにワークなどを仕上げます。

課題が終わらない場合には、徹夜で乗り越えることもあるでしょう。

このやり方でも、学年で上位20％前後、いいときには10％に入ることもあるかもしれません。

でも、短期間で覚えたことは、短期間で忘れてしまいます。

その事実を知らないと、定期テストと実力テストとの結果のギャップで苦しむことになります。

実際に、学校で上位20％以内に入る生徒でも、実力テストでは偏差値が50台ということは多々あるのです。

②学校の定期テストのレベルに合わせるタイプ

定期テストのレベルは、各中学で異なります。

また、先生によっても異なるでしょう。

学校のワークを繰り返し解いていれば90点以上が狙えるテストをつくる先生がいる一方で、平均が40点台になるような、難しいテストをつくる先生もいます。

しかし、前者のようなレベルのテストの場合、それで学校の中で上位に入れても、実力テストのような高いレベルのテストで結果を出すのは難しくなります。

たとえば数学なら、多くの問題に触れて、解法を覚えた子のほうが有利です。

あくまでも定期テストの勉強を通して、多くの問題に触れることが大切なのです。

そのため、私はどんなレベルのテストであっても確実に上位に入れるよう、最低2冊のワークを完璧にするように指導しています。

③丸暗記タイプ

ただただ、ワークの答えを覚える丸暗記タイプ。

テストでそこそこの順位がとれても、応用はきかない。そのため、同じ問題では点数がとれても、実力テストのような広い範囲のテストでは結果を残せない。

理解が伴っていない勉強では、成果が出にくいことを知っておく必要があります。

以上、①~③に該当してしまうと、仮に定期テストで上位に入れていても、実力テストでは思うような結果を手に入れるのが難しいでしょう。

くれぐれも気をつけてほしいと思います。

4

必ず効果がある！「最強の実力テスト分析法」

チェックすべき項目は3つある

第3章では、定期テストの点数を伸ばすうえでとても有効な「最強の定期テスト分析法」を紹介しました。

それと同様に、実力テストにおいても**「最強の実力テスト分析法」**があります。

さっそく見ていくことにしましょう。

196、197ページに「最強の実力テスト分析法」を掲載しました。

この図を参考にしながら、読み進めていってください。

【図の①の欄】

「自分の偏差値」と**「第一志望者の平均偏差値」**を書きます。

ここでの第一志望者の平均偏差値というのは、自分が第一志望として書いた高校を同じように第一志望としている子の偏差値の平均です。

①の欄に記入すると、自分と同じ高校を目指しているライバルとの差が明確になります。

第一志望の子たちの中で、自分がどの位置にいるのかがわかるでしょう。

たとえば、国語の場合には、第一志望者の平均偏差値の66・5より上の67なので、まずまずの偏差値がとれていることになります。

実際、このように書いてみることで、次の実力テストや模試に向けて、何の教科に力を入れて勉強するべきなのかが見えてくるでしょう。

【図の②の欄】

実力テストによっては、正答率が1％を切るような問題が存在します。

いわゆる**「捨て問」**、すなわち落としてもいい問題があるわけですね。

そのため、正答率が明らかに低い問題を除き、第一志望で正答率が30％以上の問題に注目して書くようにしてください。

自分が解けるようになるべき問題、そしてこれから取り組むべき単元がはっきりしてくるでしょう。

なお、社会の②の欄が空欄なのは、正答率が30％以上の問題をすべて解けているためです。

今の社会の実力は、志望校に合格できるだけの力があることの証拠です。

【図の③の欄】

偏差値を上げるためには、どうすべきかを書きます。

たとえば、**「正答率が30％以上の問題を解けるようにするために、ワークなどから類題を探して解く」**などというように具体的な方法を書きましょう。

また、**「反省点」**や**「改善点」**を付け加えてもかまいません。

解けなかった問題を解けるようにすることで、「本当の力」がついてくるのです。

今回は、正答率が30％以上のものに絞って書きましたが、偏差値70超を目指すなら、最終的にはすべての問題を解けるようにするくらいの気持ちをもって勉強する必要があります。

以上、「最強の実力テスト分析法」はいかがでしたでしょうか？

実際、私の塾の生徒たちも、この分析法を使うことで、確実に力をつけています。

あなたも、ぜひここでお話ししたことを参考にして、自分の実力を伸ばしてほしいと思います。

なお、その都道府県を代表する数万人規模の生徒が受験するような実力テストでは、本番の公立入試と同様の形式になっているケースが多々あります。

つまり、実力テストで解いた問題と同様の問題が入試に出題されることもあるということですね。

実力テストを受けて、「最強の実力テスト分析法」を実践することで、合格の可能性が高まるのです。

なお、実力テストの種類によっては、第一志望の平均偏差値や正答率などが定かでない場合もあります。

その点は、お含みおきいただければと思います。

	③偏差値を上げるには?
	漢字は当たり前に書けないとダメ。ミスが多すぎる。 ここで差をつけられてはいけない。 問題文で指定された語句の周りの文章に注目。
	今回のテストは難しい問題と簡単な問題との差が激しかった。 解けない問題を後回しにして、差をつけられないように簡単な問題を何度も見直した。今後も取捨選択して問題を解きたい。
	リスニングの疑問詞は要チェック。熟語や単語などの簡単な問題はすぐ行う。 特に英文を書くときにはピリオドのチェックを忘れない。 長文読解の空欄補充問題の正答率が低いから、そこで差をつけられるようにしたい。
	今回で天体の範囲が曖昧だったことがわかったのですぐに見直す。 水溶液の問題は頻出だから絶対間違えないようにする。 他の単元は間違いがなかったので、この調子で頑張りたい。
	間違えたところは正答率16.2%だったから完璧な成果だと思う。 この調子で頑張りたい。

図3 最強の実力テスト分析法

①相手との差を知る	②第一志望の正答率が30%以上で落とした問題とその点数、正答率、間違えた要因など	
国語偏差値 (67) 第一志望者の平均偏差値 (66.5)	•漢字の読み取り−2点 88.3% 思い出せなかった。 •文学的文章記述(心情把握)−3点 89.1% 要素を1つ書けていなかった。 •説明的文章記述−1点 84.4% 漢字の間違いをしてしまった。 •課題作文−3点 83.5% 句読点の不足、漢字のミス。	
数学偏差値 (69) 第一志望者の平均偏差値 (67.2)	•確率−4点 67.4% 場合分けがうまくできていなかった。 •作図−2点 62.3% 作図の線を消し過ぎてしまった。	
英語偏差値 (67) 第一志望者の平均偏差値 (67.4)	•リスニング−2点 87.1% 最初の疑問詞がうまく聞き取れなかった。 •会話等読解(並び替え)−3点 56.3% 熟語を覚えられていない。 •英作文−5点 54.0% 文法やスペルの間違いが多すぎる。 •長文読解(日本語記述)−3点 32.2% 違う個所を書いていた。	
理科偏差値 (70) 第一志望者の平均偏差値 (68.3)	•水溶液の濃度計算−3点 83.2% 食塩の質量を足し忘れていた。 •透明半球による太陽の動き−3点 42.4% この範囲が曖昧だった。 •透明半球記述問題−4点 39.5% 勉強不足。思い浮かばなかった。	
社会偏差値 (72) 第一志望者の平均偏差値 (67.2)		

5

［教科別］

実力テスト攻略のための〝お勧め教材〟

そのときの偏差値に応じてテキストを使い分けよう

この項目では、実力テストで結果を出すための〝お勧め教材〟を紹介します。

私の経験上、偏差値60未満の子と60以上の子では、扱うべきテキストのレベルが異なります。

ここでは一般的な模試や実力テストでの偏差値が60未満と60以上に分けてお伝えしていきます。

①国語

国語の偏差値が上がらない子の多くは、正直なところ読書量が足りないことが原因となっています。

ですから、根本的な解決法は読書量を増やすことなのですが、ふだん読書をしていない子には、ハードルが高いでしょう。

そこで、私が提案する国語の偏差値アップの方法は、以下の2つです。

まず、国語を体系的に学ぶということでは、**『ふくしま式「本当の国語力」が身につく問題集［小学生版］』（大和出版）**がお勧めです。

こちらの問題集は、とくに偏差値60未満の子にお勧めです（もちろん、60以上の子が解いてもおおいに役立ちます）。

「中学生なのに［小学生版］？」と驚かれる方も多いとは思いますが、中学生でも十分、通用する内容です。

ふくしま式は、国語力の本質である**「論理的思考力」**を鍛えます。

●言いかえる力……具体・抽象の関係を整理する力
●くらべる力……対比関係を整理する力
●たどる力……因果関係を整理する力

これらの3つの力を鍛えるテキストとなります。

1つひとつ項目ごとに分かれていて、類題が多く掲載されているため、体系的に学ぶことができます。

多くの文章題に触れて偏差値を上げる方法もあるでしょうが、穴を見つける意味でも、国語を「体系的に学ぶ」必要は絶対にあると思います。

続いて、2つ目の「文章読解の問題の演習量を増やすこと」について、お伝えしていきます。

まず、国語の偏差値が60以上の子は、**『中学最高水準問題集』シリーズ（文英堂）**の「中学国語［文章問題］」を解いて偏差値70超を目指しましょう。

また、偏差値60未満の子は、『中学最高水準問題集』だとレベルが高すぎて、まったくわからないケースも考えられます。

その場合には、レベルを下げて継続できる問題集に切り替えましょう。

たとえば、**『毎日のドリル 小学5年 文章読解』（学研プラス）**やそれの小学6年バージョンから始めてもかまいません。あるいは、**『中学 標準問題集 国語読解』（増進堂・受験研究社）**でもいいでしょう。

とにかく1日10分でも1日1ページでも、読解問題に触れて解くことが大切です。

とくに国語が苦手な子は、文章の意味が「わかり」「解ける」レベルのものからスタートするのがお勧めです。

最初は、自分の学年より下でもかまいません。焦らず1冊解き終えたら、1つ上の学年の問題集を解いていきましょう。

②数学

数学の実力テストや入試の場合、学校では教わらない解き方の問題が出題されることもあります。

偏差値70超を目指すには、それらの問題を解ける必要があります。

まず、数学の偏差値60以上の子の場合は**『塾で教える高校入試 数学 塾技100【新装版】』（文英堂）**がお勧めです。あるいは、国語と同様に**『中学最高水準問題集』**の中1、中2、中3でもいいですし、**『ハイクラステスト』シリーズ（増進堂・受験研究社）**の中1、中2、中3を使用してもいいでしょう（定期テストの勉強を通して、これらのテキストを使い、実力アップにつなげるのもお勧めです）。

また、数学の偏差値が60未満の子の場合には、**『中学ひとつひとつわかりやすく』**

シリーズ（学研プラス）の「中1数学」などの基礎、基本のテキストから使用してみてもいいでしょう。

③ 英語

英語も、偏差値60以上の子は**『ハイクラステスト』**の中1、中2、中3や**『中学最高水準問題集』**の中1、中2、中3をお勧めします。

偏差値を上げるためには単語や文法、長文読解、リスニングなど、さまざまな要素が必要ですが、最終的に大切なポイントは、**文の構造を理解し「和文英訳」ができること**です。

それらの本には、それが掲載されています。また、実力テストや入試によく出題されているような問題が載っています。

やはり、実力テストの類題を解くことが偏差値アップの近道です。

なお、偏差値60未満で英語が苦手な場合には**『中学ひとつひとつわかりやすく』**の「中1英語」などの基礎、基本のテキストから取り組んでみてください。

④理科、社会

まずは、理科、社会の**「一問一答」**のテキストで、基礎固めをしてください。

これに関しては、偏差値に関係なく、全員にお勧めします。

お勧めのテキストは、こちらです。

『中学 自由自在問題集 一問一答 理科』（増進堂・受験研究社）、『中学 自由自在問題集 一問一答 社会』（増進堂・受験研究社）、『高校入試 入試問題で覚える 一問一答 理科 改訂版』（旺文社）、『高校入試 入試問題で覚える 一問一答 社会 改訂版』（旺文社）。

このような一問一答のテキストをそれぞれ1冊ずつ用意して、受験が終わるまで繰り返し解いてほしいと思います。

進め方のポイントは、**「学校で学習した範囲まで進める」**ことです。

定期テストやふだんの学習を通して、少しずつ進めておくのが理想です。

受験直前になってインプットするようでは遅いので、日ごろからスキマ時間を見つけて取り組んでおくことをお勧めします。

偏差値60以上の場合、理科でも**『塾で教える高校入試 理科 塾技80【改訂版】』（文英堂）**や**『ハイクラステスト』**の中1、中2、中3、**『中学最高水準問題集』**の中1、中2、中3がいいでしょう。

ただし、『塾技』は中1だと解ける問題量に限りがあるため、中2や中3になってからの使用でかまいません。定期テストの勉強を通して、あるいは夏休みなどの長期休暇にそれらのテキストも使用し、計算問題や記述問題の対策をしてみてください。

偏差値60未満の子や理科が苦手な子は**『中学ひとつひとつわかりやすく』**の「中1理科」などの基礎、基本のテキストから使用してみることをお勧めします。

社会も、理科と同様に偏差値60以上の子の場合は**『ハイクラステスト』**の歴史、地理、公民、**『中学最高水準問題集』**の歴史、地理、公民がいいでしょう。図や表からの読み取りの練習や記述対策などにもなります。

とくに偏差値70以上の高校を目指すのであれば、知識を入れるだけではなく、入れた知識を使えるようにする必要があります。

偏差値60未満の子や社会が苦手な子は**『中学ひとつひとつわかりやすく』**の「中学地理」、「中学歴史」、「中学公民」などの基礎、基本のテキストから使用してみてください。

6

中2の12月から中3の11月までの勉強法と行動の「見える化」

まずはスケジュールを把握しておこう

中2の12月になると、2学期の期末テストが終わるケースが多いと思います。受験まで、まだ1年以上あるのですが、場合によっては最終的な志望校を決定する時期まで1年を切っていることもあるので注意が必要です。

実際、そのようなことから、中2の3学期は**「中3の0学期」**とも呼ばれています。まだ志望校が決まっていない場合、仮の志望校でかまわないので、志望校を決めておきましょう。

それでは、中2の12月から中3の11月までの1年間の流れを確認しておきます。

207ページの図をご覧ください（ここに掲載している実力テストは、各都道府県で代表的な模試を想定しています。開催の時期や回数は異なりますので、事前に調べてみてください。また、複数の模試がある場合には、なるべく受験者数が多い模試を受けることをお勧めします）。

中2の12月と中2の3学期は、まだまだ受験を意識する子が少ない時期です。**ただ、ここでどれだけ復習できるかが、今後の偏差値アップにも影響します。**

この時期を逃すと、すぐに中3となってしまいます。

とくに中2の3月と春休みはホッと息を抜きたいところですが、上位校を目指す場合、コツコツ勉強を積み重ねましょう。

中3の内申は、受験に大きく影響してきますので、**中3になる春休み期間は、中3の1学期の英語や数学の先取り**をお勧めします。

そして、その際は塾や通信教材、市販の問題集などで、実際に問題を解いて演習しておきましょう。

中3の夏までに、入試の過去問を1年分くらい解いて、志望校のレベルや入試問題のレベルを把握しておいてもいいでしょう。

また、上位校を目指す場合には、「電話帳」と呼ばれている**『全国高校入試問題正解』シリーズ（旺文社）**を解いてみることをお勧めします。

図4 中2の12月から中3の11月までの1年間の流れ

中2	2学期	12月	期末テストに向けての勉強
	冬休み		中1～中2の1、2学期の復習と3学期の先取り
	3学期	1月	期末テストに向けての勉強
		2月	期末テストに向けての勉強
		3月	今までの総復習　※実力テスト
	春休み		中3の1学期の先取り
中3	1学期	4月	中間テストに向けての勉強　※実力テスト
		5月	中間テストに向けての勉強　※実力テスト
		6月	期末テストに向けての勉強　※実力テスト
		7月	中1～中3の1学期までの復習　※実力テスト
	夏休み	8月	中1～中3の1学期までの復習 中3の2学期以降の先取り　※実力テスト **電話帳（『全国高校入試問題正解』）スタート**
	2学期	9月	中間テストに向けての勉強　※実力テスト
		10月	中間テストに向けての勉強　※実力テスト
		11月	期末テストに向けての勉強　※実力テスト

ここで、『全国高校入試問題正解』を解く際のポイントをお伝えします。

まず、数学以外は、北海道から県ごとに時間を計って試験時間どおりに解いてみてください。

数学に関しては、北海道から沖縄まで大問1のみを解いていきます（大問1は基礎が多いため）。

同様に、大問1が終われば、次は大問2を北海道から沖縄まで解いてみてください。次の大問3以降も、大問1や大問2と同様に続けます。

また、どの教科も、解けなかった問題には必ずチェックを入れてください。

これは入試の直前に、もう一度、チェックの入った問題を解くためです。

各教科でやるべきことは、こうなっている

ここから先は、具体的に中2の12月から中3の11月までにすべきことを書いておきます。

すでに紹介した教材と重なる部分があると思いますが、実力テスト自体が入試と同様の形式となっているため、必然的に使用するテキスト類も似通ってきます。

また、ここでは偏差値60以上の子を想定してお伝えしていきます。偏差値が60未満の場合は、先に紹介した偏差値60未満の子向けのテキストを利用してください。

それでは各教科、詳しく見ていきましょう。

①国語

中2の冬休みごろには、**1年分の「入試の過去問」**を解いてみてください。

入試の**「時間配分」**や**「問題の傾向」**などを先に知っておくことが大切です。

国語は、対策に時間がかかります。**まずは、相手（入試問題）を知ることです。**

国語に苦手意識がある子は**『中学国語をひとつひとつわかりやすく。改訂版』（学研プラス）**を利用して、中2の冬から中3の1学期の間に、入試に出題されている文法や古典などの範囲を中心に確認しておきましょう。

その後は、**『中学最高水準問題集』**の「中学国語［文章問題］」や**『ハイクラステスト』**を解いてみてください。

中3の夏ごろからは**『全国高校入試問題正解』**や**「入試の過去問」**を解いて、入試の実戦形式に慣れていきましょう。

②数学

『塾で教える高校入試 数学 塾技100【新装版】』や**『中学最高水準問題集』**、**『ハイクラステスト』**などの問題集を解いていきましょう。

定期テストと違い、実力テストで90点以上をとるのは至難の業です。**なぜなら、学校では習わない解き方が実力テストでは出題されるからです。**

1つひとつ解き方を覚えていきましょう。

国語と同様に、中2の冬の時期に1年分の**「過去問」**を解くか目を通しておくと、入試の傾向や問題パターンがつかめると思います。**とくに「作図」「関数」「平面図形」「空間図形」「証明」**などは、全国的によく出題されています。毎年のように出題されている範囲を事前に知っておくことで、それが実力テストの偏差値アップや入試での合格につながるでしょう。なお、中3の夏以降には、**『全国高校入試問題正解』**や入試の**「過去問」**を解いてみてください。

③英語

中2の冬休みには**「単語」**や**「文法事項」**、**「構文」**を確認することをお勧めします。

『中学校3年間の英単語が1ヵ月で1000語覚えられる本』『改訂版 中学校3年間の英語が1冊でしっかりわかる本』（かんき出版）などで、単語や文法事項をこの時期に固めておきましょう。

ただし、単語や文法事項がすでに頭に入っている場合は**『ハイクラステスト』**の中2、中3や**『中学最高水準問題集』**の中2、中3から取り組んでもいいでしょう。

また、近年、単語数や長文読解の分量が増えています。入試で時間内に解き終わらないことも考えられますので、必ず中2の冬か中3の1学期の段階で、1年分の入試の**「過去問」**を解いてみてください。

中3の夏以降には、**『全国高校入試問題正解』**や入試の**「過去問」**を解いてみましょう。

④理科、社会

中2の冬から**「一問一答」**のテキストで基礎、基本を完璧にしましょう。

苦手な単元は、教科書の**「音読」**からスタートしてもかまいません。

まずは、インプットを意識してください。

その際、分厚いテキストは必要ありません。

すでに紹介した一問一答の**『中学 自由自在問題集 一問一答 理科』**や**『中学 自由自在問題集 一問一答 社会』**、**『高校入試 入試問題で覚える 一問一答 理科 改訂版』**や**『高校入試 入試問題で覚える 一問一答 社会 改訂版』**などを使用すればいいでしょう。何度も繰り返して、学習ずみの単元の8割〜9割程度は中3の夏ごろまでに頭の中に入れておくのがベストです。

それを達成するためにも、中2の12月ごろからスタートしましょう。一問一答で基礎、基本を固めたら、理科は**『塾で教える高校入試 理科 塾技80【改訂版】』**や**『ハイクラステスト』**の中1、中2、中3、**『中学最高水準問題集』**の中1、中2、中3などを解いてください。

社会も同様に、**『ハイクラステスト』**や**『中学最高水準問題集』**の歴史、地理、公民を解いてみましょう。

理科、社会も中3の夏以降には**『全国高校入試問題正解』**や入試の**「過去問」**を解いてみてください。

ただし、理科、社会で未習が多いために取り組みにくい場合には、中3の10月ごろ

図5 実力テスト&入試に向けた行動の「見える化」をしよう

取り組む教材		取り組む教材		取り組む教材	
国語	回数「正」	英語	回数「正」	社会	回数「正」
過去問		過去問		過去問	
電話帳		電話帳		電話帳	
				一問一答	
数学	回数「正」	理科	回数「正」		
過去問		過去問			
電話帳		電話帳			
		一問一答			

からの使用でもかまいません。

最後に、お勧めしたテキストや過去問などの出題傾向を参考に、上の図のように〝サイトウ式「見える化」勉強法〟の**行動の「見える化」**をしましょう。

例として各教科には過去問と電話帳（『全国高校入試問題正解』）、理社の一問一答を載せておきました。

残りの空欄には、それ以外に使用するテキストを自分で書いてみましょう。

使用するテキストが決まれば、毎回、何の勉強をするのか迷わずに取り組むことができるでしょう。

7

中3の12月から入試に向けての勉強法と入試で失敗しないための10カ条

ついに本番モードに突入！

中3の12月には、たいていの子が私立や公立の受験校を決定していることでしょう。同時に、私立の出願が始まる時期でもあります。

中3の12月の段階になったら、第一志望校の過去問を何年分も解いて**「出題傾向」**や**「難易度」**をしっかり把握しておきましょう。

また、**「志望校の合格に必要な点数」**を知っておくことも必要です（埼玉県の受験生の場合には、私のYouTubeチャンネルの「川高川女合格専門！爆裂松江塾」を登録してみてください。毎年、上位の公立高校の合格に必要な点数や内申をお伝えしています）。

次に、中3の12月から入試までの流れを確認しておきましょう。

図6 中3の12月から入試までにやっておくこと

中3		
3学期	冬休み	2学期
1月　私立の入試に向けての勉強　※私立対策テスト 2月　公立の入試に向けての勉強　※公立対策テスト	中3の3学期の内容が終わっていない場合は、3学期の内容の先取りと入試演習　※実力テスト	12月　中1～中3の1、2学期の復習　※実力テスト 電話帳（『全国高校入試問題正解』）

やはり中3の12月以降の直前期も、基本的には**「電話帳（『全国高校入試問題正解』）」**を使って、入試問題を解いて実力をつけていきましょう。

ただし、その際には**英語の単語や理科、社会の語句などのインプット**も並行して行ってください。

インプットとアウトプットのどちらかだけに偏ってはいけません。

そこは注意が必要です。

また、直前期に点数が伸びるのは、理科や社会などの暗記教科です。

合格を考えたら、理科や社会の暗記系の教科や苦手教科に時間をかけましょう。

直前期には、**『受験生の50％以下しか解けない　差がつく入試問題』シリーズ（旺文社）**もお勧めです。正答率が50％以下の問題に、ある程度絞ってありますので、効率よく学習できると思います。

私立高校によっては、**「マークシート」**で解答するところがあります。

ふだんの定期テストではマークシートの練習がされていないと思うので、過去問などでマークシートに慣れておきましょう。

一番怖いのは、マークシートの解答欄をズラしてしまうことです。

わからない問題があっても、必ずどこかにマークしてから、次の問題に進みましょう。

なお、お住まいの都道府県の**「入試模擬テスト」**などがあれば、購入して解いてもいいでしょう。

それを解けば、**「時間配分」**なども含めた入試対策になると思います。

ここでも〝サイトウ式「見える化」勉強法〟が大活躍

さて、ここまでくると公立の入試まで、残りの期間はわずかです。

この時期は、とくに〝サイトウ式「見える化」勉強法〟の**計画の「見える化」**を実践することをお勧めします。

219ページをご覧ください。

これは、入試まで残り1カ月の直前期の例となります。

直前期は、細かいページ数などは記載していません。

ほとんどが、電話帳と呼ばれる**『全国高校入試問題正解』**や**「過去問」**、**「入試模擬テスト」**に取り組むことになります。

残り1カ月を切った直前期は、1週間で40時間の勉強時間を目標にしてください。

塾での授業の時間も含め、平日に1日5時間で、土日に1日8時間の勉強をすると、1週間で41時間となります。

また、5教科の勉強時間ですが、**国語、数学、英語の3教科で5割、理科、社会で5割の時間配分**を目安にしてください。

たとえば、偏差値がどの教科も同じ場合、1週間の勉強割合と時間は、国語1割（4時間）、数学2割（8時間）、英語2割（8時間）、理科2割5分（10時間）、社会2割5分（10時間）となります。

すでにお話ししたように、入試直前で伸びやすいのは**「理社の暗記教科」**で、逆に伸びにくいのは9年間の積み重ね教科の**「国語」**であるため、そのような時間配分となります。

次に、苦手教科がある場合の時間配分の例もあげておきます。

国語が苦手な子の場合は、国語10時間、英語5時間、数学5時間、理科10時間、社会10時間。国語は伸びにくい教科のため、仮に苦手でも必要以上に多くの時間をかけることはできません。

図7 入試1カ月前の計画表の例

入試直前計画表

日	月	火	水	木	金	土
22日 過去問 一年分	23日 今まで 間違った 問題の 見直し	24日 電話帳 数・社	25日 英単語 理社 一問一答	26日 電話帳 英・国	27日 予備日	28日 電話帳 全科目
29日 過去問 一年分	30日 電話帳 数・社	31日 電話帳 英・理	2月1日 英単語 理社 一問一答	2日 電話帳 国・数	3日 予備日	4日 電話帳 全科目
5日 入試 模擬 テスト	6日 今まで 間違った 問題の 見直し	7日 電話帳 英・社	8日 英単語 理社 一問一答	9日 電話帳 数・理	10日 予備日	11日 電話帳 全科目
12日 過去問 一年分	13日 電話帳 国語+ 苦手科目	14日 今まで 間違った 問題の 見直し	15日 英単語 理社 一問一答	16日 今まで 間違った 問題の 見直し	17日 予備日	18日 今まで 間違った 問題の 見直し
19日 今まで 間違った 問題の 見直し	20日 入試直前 不安要素 を 取り除く	21日 **入試本番**	22日	23日	24日	25日

社会が苦手な場合には、国語4時間、数学6時間、英語6時間、理科8時間、社会16時間というようにしてもかまいません。

この場合には、国語、数学、英語で4割。理科、社会で6割の時間配分となります。国数英の3教科と理社の2教科の割合は5対5とお伝えしましたが、多少の変更はかまいません。

さらに1週間の勉強時間についても、睡眠時間の確保や通学時間の関係から難しい場合には、40時間ではなく35時間でもいいでしょう。

ただし、**「起きている時間は、すべて勉強する」**というくらいの気持ちで取り組んでください。

残り1週間となったときには、新しい問題には手をつけないほうが無難です。

それよりは、今までの模擬テストや実力テストの振り返りや、「間違いノート」がある場合には、その確認をお勧めします。

つまらないことで後悔しないために

最後に、私の塾で受験直前の生徒たちに伝えている**「受験で失敗しないための10カ**

条」を紹介します（223ページ参照）。

ぜひ、入試の直前に確認していただきたいと思います。

念のため、この10カ条の1〜10について、少し補足説明をいたします。

【受験1週間前から前日まで】

1. 入試は、朝からスタートします。夜型のままだと前日も眠れない可能性があるため、**「朝型の生活」**に移行しましょう。また、**「テスト開始時間の3時間前」**に起きるのが理想です。そのように心がけると、頭が働いた状態でテストに臨めるでしょう。

2. **「受験票」**をもっているか何度も確認しましょう。**消しゴムは最低2つ用意**してください。私立高校で入試がマークシート形式の場合は**HBの鉛筆**も忘れずに！ 公立高校の試験では**コンパス**や**定規**も忘れないようにしてください。

3. 前日の夜に眠れなくても、**起きて勉強するのは絶対にやめましょう**。布団に入ってから一睡もできなくても、**目をつぶってじっとしている**ことで、寝ているときと同じ脳波が出て、疲れがある程度とれます。

【受験当日】

4. 手が冷えてかじかんでは、字が書けません。もしホッカイロや手袋を忘れた場合は、**首に手を当てて温めてください**。

5. とくにカフェインが含まれているお茶やコーヒーの飲みすぎには注意が必要です。カフェインは利尿作用もあるため、テスト中にトイレに行きたくなってしまう可能性があります。**「水」**や**「麦茶」**か**「スポーツドリンク」**がお勧めです。

6. 前の教科の答えを友だちと確認し合っても、テストの点は1点も上がりません。何かをやるとすれば、あくまでも**「次の教科」**の勉強をしましょう。

7. マークシート形式の場合、マークをし忘れて先に進むと、最後まで1つずつズレて答えを書いてしまう可能性があります。答えが、すべて間違えることにもなりかねません。わからない問題があったとしても、**必ず何かマークして次へ進み、最後にマークした問題と解いた問題が合っているか、確認する**ようにしてください。

8. 自分ができなかったら、**周りの子はもっとできなかったと思う**ようにしましょう。メンタルによって、ふだんなら解けるはずの問題も解けなくなってしまう可能性があります。常に前向きに考えましょう。

図8 栄冠を勝ちとるためにしっかりチェックしておこう

受験で失敗しないための10カ条

受験1週間前～前日まで

1. 夜は12時前に寝て、朝型の生活に切り替えること
2. もち物は、前日までにすべて用意しておくこと
3. 夜眠れなくても、布団に入って目をつぶること

受験当日

4. ホッカイロや手袋などで、手を冷やさないようにしておくこと
5. 水分をとりすぎないこと
6. 休み時間は、次の教科の勉強をすること
7. マークシート形式の私立受験は、わからない問題があっても、必ず何かをマークして先に進むこと
8. テストの出来が悪くても、1教科ごとに頭をリセットして次の教科に挑むこと
9. 名前を書き忘れてもあわてないこと
10. 家に帰るまでが試験です

9. **試験官はあなたの味方**です。すぐに、次の試験官の先生に言えば、わかってくれます。書き忘れたことで動揺して、次の教科で点を落とすほうが危険です。

10. エスカレーターは、歩行禁止（埼玉県の場合）。自転車は、左側通行。**法令や条例、交通ルールなどの違反をしない**ようにしてください。とくに、受験校までの道のりは、ふだん通らない道だと思うので、交通事故にはくれぐれもご注意を。

入試においては、いつもどおりの力を出せるようにすることが何よりも大切です。

そして、想定される失敗をなるべく事前に排除しておくことで、合格へと近づくことができるのです。

ここでお話ししたことを参考に、ぜひ万全の状態で入試に臨んでほしいと思います。

第6章

〝サイトウ式「見える化」勉強法〟の効果を最大限に発揮する方法

1

学習方法に王道はあっても「絶対」はない！

「守」から「破」、そして「離」へ

ここまでは、〝サイトウ式「見える化」勉強法〟を中心に、偏差値70超になるための方法を見てきました。

ここからは、さらにこの勉強法の効果をアップさせるためにやるべきことについて見ていきます。

まずは、この項目の大見出しを見てください。ご覧いただければわかるように、それまでの内容を否定するような書き方となっていますよね。

じつは、学習方法に王道はあるものの、万人に等しく共通する絶対的な正解はないのです。

あなたは、**「守破離」**をご存じでしょうか？

図1 学校のワークは何周やりましたか?

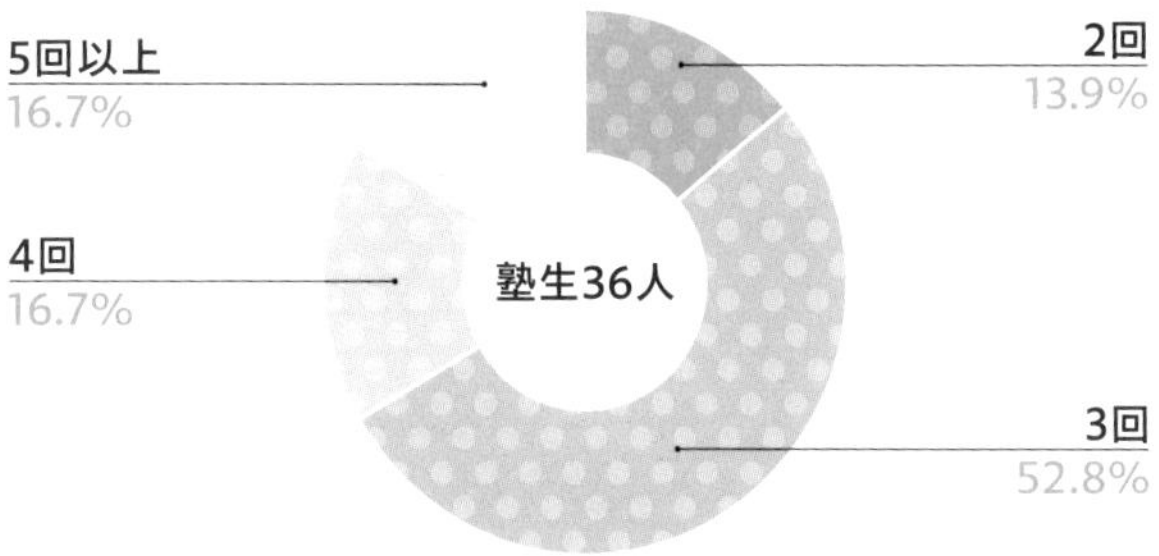

学年1位、通知表オール5、偏差値70超の生徒

これは茶道や剣道などで、人が成長していくプロセスを表す言葉です。

まず、先人の教えや師匠の型を守るのが「守」です。

基本や型を身につける段階です。

勉強に置き換えると、王道の部分です。たとえば、授業を先生の「目」を見て聞くことやワークの反復がこれにあたります。

上に学年1位、通知表オール5、偏差値70超の生徒たちのワークの反復回数を掲載しました。

図をご覧いただければ、多くの生徒が学校のワークを反復しているのがわかると思います。

これが基本であり、まずは勉強の型とし

て受け入れてほしい「守」の部分になります。

続いて「破」は、既存の型を破り、学んだことを発展させる段階です。

多くの子にとって反復は必要不可欠なのですが、学年1位の子の中には反復の回数が少ない子もいます。

学校のワークは必ず3回以上、取り組まないと効果がないのではありません。

たとえば、**継続して学年で上位10％以内**に入れるようになったら、教科や理解度によって反復回数を変えてみてもいいでしょう。

また、**幼少期からの学習の積み重ねや自分の興味、関心**によっても、反復の回数は異なるでしょう。幼少期から歴史の漫画やテレビ、DVDを夢中になって見てきた子は、歴史についてはおのずと反復回数が減ってくると思います。

どの教科も平等に、学校のワークを3回以上解くのではなく、臨機応変に対応していくことが大切です。

ぜひ、型ができた後は、その型を「破り」、自分の中での**「最適解」**を探してほしいと思います。

「離」は、「型」から離れて、オリジナルのやり方を生み出す段階です。

ただし、その際には勉強のやり方を100％変えるのではなく、その一部の5％〜10％程度を変えてみるなど、少しずつしていくのがお勧めです。

過去、私の塾の生徒で現役で東大に合格した子は、定期テストでの勉強を1教科ずつ完成する方法をとっていました。

具体的には、テストの3週間前から数学を4日間続けて勉強して完璧にします。続いて英語を4日間。次に国語を4日間。そして理科を4日間。最後に社会を4日間。

そして、テスト直前の残り数日で、各教科の再確認をしていました。

各教科を少しずつ、満遍なく進めるのではなく、1教科を完璧にしてから、次の教科に取り組む方法で進めていたのです。

コンスタントに学年1位や偏差値70超の結果を出せるようになったら、このようにオリジナルの勉強方法を自分なりに研究して生み出してもいいでしょう。

ただし、私の経験からすると、この「守破離」の「離」の部分まで到達できる中学生は、100人中2、3人だと思っています。基本的には、王道を守り、その中で、ワークの反復回数などを工夫したほうがいいというのが私の考えです。

2

「見える化」の最終目標は「見える化」を使わないこと？

頭の中で道筋を描けるのが理想

あなたは、将棋棋士の藤井聡太さんをご存じでしょうか？

藤井聡太さんは、史上初の八冠を達成した方です。

もし、藤井聡太さんに勝てる方法があるとしたら、それは何でしょうか？

私はＡＩを使うしかないと考えています。

そして、ＡＩが打つ手を真似して打つでしょう。

要するに、強い人（ＡＩ）の真似をするのです。

偏差値70超を達成するというのは、ある意味でクラスに1人いるレベルの努力家や秀才の子に並ぶイメージです。極端な表現かもしれませんが、完全に独学で偏差値70超に挑むのは、素人が藤井聡太さんに勝ちにいくイメージなのです。

ところで、藤井聡太さんの強さはどこからきていると思いますか？

私は、「先読み」にあると考えています。

おそらく藤井聡太さんは、何十手先を頭の中で考えているのです。きっと、素人には困難を極める先読みの力を、経験と努力で培ってきたのでしょう。

藤井聡太さんほどにはなれずとも、私たち一般人も**計画の「見える化」**を継続して行っていけば、ある程度、学習面での先読みができるようになります。

実際、学年1位をとり続けている子の中には、計画の「見える化」が必要ない子もいます。

そのような子は、すでに**「定期テストまでの道筋を頭の中で描けている」**のです。

何度も定期テストを経験した結果、**「いつまでに、どこまで仕上げてあれば点数がとれるのか」**を頭で理解できているわけです。

たとえば、あなたは登校する前に、何か考えますか？

きっと、気にするのは出発する時間だけではないでしょうか？

それ以外、わざわざ学校までの道のりを考えたり、スピードを気にしたり、到着時間を気にすることはないでしょう。

これと同様に成績上位の子たちは、勉強においても最初のスタートのタイミングだけ気にすれば、後はほぼ、いつもどおりの結果が出ることがわかっているのです。

「見える化」の最終目標は、計画の「見える化」なしで結果が出せる状態です。

ここまで「見える化」の実践を勧めてきたため、一見、矛盾しているように感じるかもしれません。でも、そこが1つのゴールなのです。

もちろん、コンスタントに学年1位やオール5、偏差値70超がとれるまでは、計画の「見える化」を続けましょう。

そして、もし現時点で偏差値70超を達成していないのであれば、自分が上位の子たちと何が違うのか、次ページのチェックシートで確認しておきましょう。

チェックの数が多いほど、上位者の行動に近いということになります。

逆にチェックの数が少ないほど、上位者の行動とは遠いところにいます。

ただし、何度も書きますが、学習方法に王道はありますが絶対はありません。

成績上位者の行動の真似をして、型ができて結果が出た後は、自分なりの最適解を模索してみてください。

図2 あなたは、いくつチェックがつきましたか？

成績上位者の行動のチェックシート

- □ 最低でも中間・期末テストの3週間前からテスト勉強を開始している
- □ 学校のワークは、3回転以上繰り返している
- □ 学校のワークにプラスして、塾のワークも解いている
- □ 学校や塾以外のワークも解いている
- □ ふだんの土日は、3時間以上勉強している
- □ 中間・期末テスト前の土日は、1日8時間以上勉強している
- □ 教科書の音読をしている……国語
- □ 教科書の音読をしている……英語
- □ ワークで解けなかった問題にチェックをしている
- □ スマホの1日の使用時間は2時間以内

3

「見える化」を実践する際には、ここに気をつけよう

目標の「見える化」での注意点

ここまで、「見える化」のメリットを多く書いてきましたが、注意すべきことも存在します。

まずは、**目標の「見える化」**の注意点を紹介します。

何度かお話ししたように、目標は高ければ高いほどいいわけではありません。

高すぎる目標では、最初からあきらめてしまうこともあります。逆に、意欲がそがれてしまうことがあるのです。

目安としては、自分の現在の位置より、少し上を目標にしましょう。

たとえば、1学年100人の学校で30位前後であれば、いきなり1位を目指すのではなく、まずは10位～20位を次の目標にするといいでしょう。

まだ自分の位置を知る前であれば、学年1位が目標でもかまいませんが、一度でも定期テストを受けて結果が出た後だったら、ギリギリ届くかどうかの位置を目標にしてほしいと思います。

計画の「見える化」での注意点

初めて計画を立てるときには、**時間がかかりすぎる**ことがあります。

たしかに全体像が見えない中では、「この計画でいいのか」と悩むこともあるでしょう。

でも、計画を立てる際には、正解を求めすぎないでください。

なぜなら、途中で修正すればいいからです。

それは、人生と同じです。

それくらいの気楽さでスタートを切りましょう。

そして、計画に振り回されすぎないことも大切です。

計画どおりに進めようとするあまり、睡眠時間を削ってまで勉強してしまったり、学校のワークをいい加減に進めてしまったりしては意味がありません。

計画は、あくまでも目標を達成するための手段にすぎないのです。

予定どおりに進まないことがあっても、焦る必要はありません。

すでにお伝えしたように、そんなときは「**予備日**」で調整をすればいいのです。

予備日があることで、心に余裕が生まれます。

実際、継続して学習を進めるには、「**心の余裕**」が大切です。

計画の「見える化」のゴールは、計画どおりに進めることなのではなく、その計画を通して、今まで以上の結果を手に入れることです。

計画どおりに進まないことにイライラしたり、焦ったりする必要はありません。

計画どおりに進まないことも人生の経験としては必要ですし、そのような経験ができれば、人生の幅も広がります。

ただし、中には計画を立てた達成感で、勉強した気になってしまう生徒もいます。

計画を立てただけでは、意味がありません。

大事なのは、「行動」です。

行動しないことには、テストの点数は1点も上がらないのです。

4

さまざまな工夫でモチベーションをキープしよう

ときには自分にご褒美を！

ずっと勉強を続けていると、**「休息」**や**「息抜きの時間」**が必要になります。

人によっては、その休憩が1時間ごとかもしれませんし、2時間ごとかもしれません。時間ではなく、自ら決めた範囲まで学習したら、休憩をとる子もいるでしょう。

その際、計画の「見える化」シートを利用して、**「ワークが1回解き終わったら、〇〇をする」**（〇〇は自分の好きなこと）と事前に決めて、シートの横に書いておくのも1つの方法です。

たとえばゲームが好きなら、「数学のワークが10ページ終わったらゲームを20分する」と事前に決めておいてもいいでしょう。

自分の目の前にニンジンをぶらさげて、自らをやる気にさせるのです。

また、勉強自体を**「ゲーム感覚」**で楽しんでもいいでしょう。

たとえば、学校や塾のワークを解くときに、自分の中でページ数や時間を決め、決めたページ数を時間内に解けるかどうか、挑戦するのです。

これは、**「時間」**を軸にしたゲーム形式ですが、**「正答率」**や**「点数」**など、自分なりに工夫してもいいでしょう。勉強をゲームのように考えることができたら、モチベーションのキープにつながります。

「ボールペン」を使っての勉強も、モチベーションのキープにつながります。

以前、私の塾では、生徒たちにボールペンを配って、ノートに問題を解かせていたことがあります。

そのボールペンに**「生徒の名前のシール」**を貼り、ボールペンが1本使い終わると、塾の壁に名前が見えるようにして飾っていたのです。

そのため生徒たちは、飾られるボールペンの本数が増えることに喜びを感じていました。

以上のように、ちょっとした工夫でモチベーションはいかようにも上げられます。

ぜひ、あなたなりの**「ご褒美」**を考えてみてください。

5

「見える化」の効果を倍増させる3つの方法

継続こそ「力」なり!

今度は〝サイトウ式「見える化」勉強法〟の効果をさらに伸ばす方法を紹介します。

①計画を立てた表やシートは、必ず「見えるところ」に貼る

具体的には、**自宅のリビングや学習机の横の壁**に貼るといいでしょう。「見える化」に取り組んでいるのに、見えないところにあるのでは意味がありませんよね。

その都度、確認することに意味があるのです。

②目標を多くの人に宣言する

学校の先生でも友だちでもかまいません。

図3「宣言」することには意外なほど大きな効果がある

なるべく多くの人に、自分が「見える化」した目標を伝えてみてください。

中でも、親に伝えるのは本当に効果があります。一番の協力者である親は、あなたのやる気ある行動に刺激を受けて、勉強面や生活面で、よりいっそうのサポートをしてくれることでしょう。

また、多くの人に宣言をすることには、**「やらなければいけない状況」**へと自分を追い込む効果があります。

人は、弱い生き物です。1人だと、怠けてしまうことがあるでしょう。

1人で勉強と向き合うより、サポートしてくれる仲間の人数が多いほうが、望む結果は手に入りやすくなります。

③自分の勉強の様子の「見える化」と「見せる化」をする

勉強は「継続」が大切です。

それは、誰もがわかっていることでしょう。

では、継続できる人とできない人の違いは何でしょうか?

要因はいろいろあるでしょうが、1つには継続できるような**「仕組み」**の有無が考えられます。

とくに疲れていたり、やる気がなかったりしたときには、勉強に向き合うのが難しいこともあるでしょう。

しかし、そんなときでも勉強を続けられる人がいます。

勉強とはちょっと違いますが、ここで少し私のことをお話しさせてください。

私は、ブログをおよそ17年間、書き続け、ここ最近では3年以上、1日も休まず続けています。

また、現在、筋トレの腕立て伏せ100回を100日以上、継続できています。

こんなことを書くと、もともと継続力があったように思うかもしれません。

しかし、本当は面倒くさがり屋です。

では、なぜ継続できているのでしょうか？

それには、３つポイントがあります。

【A】継続している人の近くにいるようにしている

私の場合、身近にブログを継続している人がいるので、自分も続けられています。

勉強に置き換えれば、身近に日々勉強をしている友だちがいると、継続できる可能性が高くなります。

そのような友だちが多ければ多いほど、勉強するのが当たり前の環境になるでしょう。

また、親が毎日リビングで勉強しているなど、自分が継続しようとしている行動をそばで実践している人がいれば、なるべくその人の近くにいるようにしましょう。

きっと、自分の中での継続率が上がっていくはずです。

【B】自分の行動を「見える化」している

私は筋トレに関しては、毎日 Tik Tok にその様子をアップしています。

もちろん、Tik Tok に動画をアップしなくても、筋トレは1人でできます。

でも、自分の様子を動画に撮影して「見える化」することで、日々継続できていることを実感しているのです。

勉強に置き換えると、**「タイムラプス」**（一定間隔で撮った静止画をつなげて、1本の動画にすること）を使用した勉強は、まさに自らの行動の「見える化」となります。

中学生や高校生の中には、スマホのタイムラプス機能を利用して、自らの勉強の様子を撮影している子もいます。

それは、自分の行動の「見える化」にもなりますね。

達成感や自信にもつながることでしょう。

【C】他人に向けた行動の「見せる化」をしている

もし、私がブログの文章を誰にも読まれることがなく、ただ1人でノートに日記のように書いていたら、きっと17年間も書き続けられなかったでしょう。

人は、誰かに見られることでやる気になったり、集中力が高まったりするもの。

そして、その環境があることで、継続することにもつながります。

【B】で書いたタイムラプス機能ですが、スマホを使って撮影したものをYouTubeなどのSNSにアップしている人がいます。

その人たちは、そうした機能を使い、他人に向けて行動の「見せる化」をして、勉強のやる気を引き出し、継続しているのですね。

勉強は、本来1人で行うものですが、継続して勉強するためには「仕組み」があるといいでしょう。

そして、このような他人に向けた行動の「見せる化」が、〝サイトウ式「見える化」勉強法〟の両輪の1つである「正しい学習習慣」にもつながるのです。

ちなみにコロナ禍の中、ある生徒は1年以上、毎日継続して、その日の勉強のノートを画像で私に送ってくれていました。

まさに他人に向けた行動の「見せる化」ですね。

最終的に、その生徒は偏差値70以上の高校に進学しました。

6

〝サイトウ式「見える化」勉強法〟は、成績が下がったときにも効果を発揮！

成績が下がったら、こう対応しよう

成績というものは、どこかで下がるときがくるものです。

そのときに、自分ですぐに原因がわかればいいのですが、そうでない場合は、いつまでも試行錯誤が続いてしまいます。

大丈夫です。

〝サイトウ式「見える化」勉強法〟は成績を上げるための方法ですが、じつは下がったときにも効果を発揮するのです。

もし成績が下がったときには、**結果や計画、行動の「見える化」**を振り返ってみてください。

一般的に、定期テストで成績が下がる要因は3つあります。

①定期テストの勉強を始めるタイミングが悪い

中間テストと期末テストでは、教科数が異なります。

仮に中間テストの勉強を3週間前から始めている場合、期末テストでは3週間前から始めても間に合わないでしょう。

期末テストでは、**「実技教科の勉強時間の確保」**も必要となるからです。

また、3学期の期末テストでは**「各教科のテスト範囲のページ数が増える傾向」**にあります。この事実を知らずに、いつもどおりのタイミングでスタートをすると大変なことになるでしょう。でも、事前に計画の「見える化」をして、定期テストの4週間前からテスト勉強を開始できれば、下がる要因の1つを防げるかもしれませんね。

②テストを作成する先生が代わっている

学年が上がり、教科の先生が代わったときには要注意です。**「定期テストの問題の傾向が違うものになる」**ことがあるからです。先生が代わることで点数が下がった場合には、**結果の「見える化」**や**「最強の定期テスト分析法」**を役立ててください。

③勉強のやり方が間違っている

そもそも勉強のやり方が間違っている子は、成績が下がっていくでしょう。

定期テストの勉強の基本となるのは、学校のワークです。

そのベースだけは絶対に崩してはいけません。この本に書かれているような**行動の「見える化」**をしておくと、間違ったときにも後から気づくことができるでしょう。

実力テストを利用して「本当の力」をつける方法

さて、ここまでは定期テストに関する話をしましたが、ここから先は**「実力テスト」**についてもお伝えします。

実力テストのいい点は、継続的に実力テストを受けることで、**「本当の力」**が見えてくることです。

そこで私は、生徒や保護者の方に面談や授業を通して、毎回の北辰テスト（埼玉県で行われる模擬テスト）を受けるように伝えています。

中3になれば8回も北辰テストがありますので、回数を重ねることで、本当の力が見えてきます。

と同時に、実力テストと**「最強の実力テスト分析法」**（196、197ページ）を組み合わせれば、入試までに8回も勉強法の改善や実力テストの対策ができます。

まず、偏差値が上がったときには、そのままの勉強を続ければいいでしょう。

では、下がったときには、どうするのか？

その場合は、「最強の実力テスト分析法」の②「第一志望校の正答率30％以上～」の欄に、たくさんの問題が並ぶはずです。

もし、私が受験生なら、まず**苦手な範囲の部分の教科書を音読し、学校のワークで苦手な部分の問題を解きます。**

その後に、**塾のテキスト**や、第5章で紹介した**「お勧め教材」**など、さらに2冊を使って、苦手な範囲のみ解きます。

この4ステップで進めていけば、自ずと点数も上がっていくことでしょう。

終章

わが子のために親だからできること・やっておきたいこと

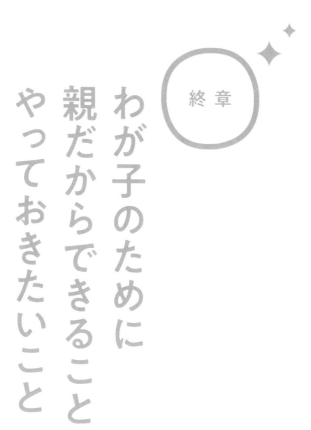

1

心理学の「カマス理論」——褒めることの重要性

なぜ、カマスは餌を食べることをあきらめたのか？

第6章までは、まさに中学生本人に向けて**「偏差値70超を達成するための方法」**を説明してきました。

ただし、これを実現するには**「保護者の方のサポート」**が必要です。

そこでこの章では、本書の締めくくりとして保護者の方に向けてお話ししていきたいと思います。

さて、あなたは**「カマス理論」**の話をご存じでしょうか？

心理学の世界では有名な話ですが、ここであらためて紹介します。

ここに魚のカマスが入った水槽があったとしましょう。

毎日、同じように水槽の端のほうに餌を落とします。

カマスは水槽の端のほうまで泳いでいって、餌を食べます。

「うん。美味しい」

次の日も決められた時間に餌を与えます。

「うん。美味しい」

きっと、カマス自身に味覚や感情があれば、そう思っていることでしょう。

やがて、カマスは学習します。

水槽の端まで泳いでいけば、美味しい餌を食べることができると。

そう思ってカマスは毎回、水槽の端まで泳いで、餌を食べにいきます。

あるとき、そのカマスの水槽の真ん中にガラスの透明な板をとりつけ、水槽を2つに分けました。そして、いつもと同じように、カマスの水槽に餌を入れます。

ただし、カマスが泳いでも届かないほうの水槽に餌を入れます。

カマスは、いつもと同じように餌を食べに泳いでいきます。

でも、ガラスの仕切りがあるため、食べにいくことができません。カマスはそのことを知らず、何度もその透明なガラスの板に頭や体をぶつけてしまうのです。

やがて、カマスは食べにいくことをあきらめます。

そして、その後、透明なガラスの仕切りを外します。

それでも、もう泳いでいって、餌を食べようとはしないのです。

「頑張って泳いでいっても、食べることができない」

と思うようになっているのでしょう。

不思議ですよね。もう透明なガラスの板はないはずなのに。

その一言が子どものやる気を奪う

人間も、これと同じです。努力しても、誰からも認めてもらえなかったら、努力することをあきらめてしまうでしょう。

実際に過去、成果が出たときに褒められなかった子のケースを紹介します。

私の同級生であるO君の妹さんが、高校生のときの話です。

妹さんは、進学先の高校の定期テストにおいてクラスで2番の成績をとってきたことがあるそうです。

妹さんは、いつも学校の中で真ん中くらいの成績だったため、喜んで両親に報告をしました。

すると、母親からは褒めてもらえたのですが、父親の反応は母親と違っていました。

父親は褒めるどころか、その成績を見て、**「どうせ、たまたまだろう」**と言ったとのこと。

妹さんは、父親にも褒められると思っていたのに、自分の努力を否定されたようなその発言を聞いて、泣いてしまったのだそうです。

よほどショックだったのでしょう。その後の定期テストでは、またいつものクラスで真ん中くらいの成績に戻ってしまいました。

もし、そのときに父親も褒めていたとしたら、妹さんの成績はクラス2位のような上位の成績をキープしていたかもしれません。

褒められることや認められることで、人は喜びます。

そして、その喜びが、心のエネルギーにつながります。

だから、保護者の方はお子さんを褒めて伸ばしてあげてください。

褒められることで子どもはやる気になり、次への行動や結果につなげることができるのです。

2

成績上位者の親の「行動」を知って「真似る」ことが大切！

親のサポートなしに結果を出した子は0・5％以下

昔、こんな話を耳にしました。

赤ちゃんのときに、オオカミに育てられた少年がいたそうです。

その少年は、二足歩行ではなく、四足歩行で生活をしていたとのこと。人間ではなく、オオカミに育てられたため、四足歩行になってしまったのですね。

人間は、一般的に親の真似をして育ちます。

また、環境の影響を受けます。

つまり、成績上位者（学年1位やオール5、偏差値70超の子）の親の「意識」や「行動」を真似すれば、あなたの子どもの「意識」や「行動」に影響を与えられるということなのです。

まずは、成績上位者の親の意識や行動を知っていきましょう。

私は、年間延べ200名以上の生徒や保護者の方々と面談をしています。

その面談を通して発見した、**「成績上位者の親の行動」**を紹介していきます。

①テストの「結果」ではなく「勉強のやり方」に口を出す

成績が上がらない家庭で多いのは、テストの「結果」に対して、親が口出しをしていることです。

「何なの、この成績は？　勉強しないなら塾を辞めなさい！」

そう言ったところで、「結果」ですから、もう変えようがありません。

親が「結果」しか見ていなければ、きっと子どもの成績は上がらないでしょう。

一方、成績が上がる家庭の多くは、**「勉強のやり方」**に口を出します。

「結果」が出る前の子どもの行動の部分を、親が日々しっかり見ています。

だから子どもが何か間違った勉強のやり方をしていれば、すぐに気づけるのです。

テストの結果に口を出すのではなく、テストの勉強の様子を見て、そのやり方に口を出すようにしてください。

そして、この本に書かれている内容をお子さんに伝えてあげてください。

きっと、そのほうがはるかに成績が上がるでしょう。

②勉強の習慣化は、親が一緒に取り組んでいる

姉妹で学年1位を達成した生徒がいます。

その姉妹は、幼少期から1年365日のうち360日くらいは勉強してきました。

姉妹が中学生や高校生になった今でも、その勉強の習慣は続いています。

これは、勉強が習慣化されるまで、親が声をかけ、一緒になって取り組んできた結果です。

当然のことですが、簡単に勉強が習慣化される魔法のような薬はありません。

もし、子どもの勉強が習慣化されていなければ、変わるべきなのは子どもではなく、親の「意識」と「行動」です。

声をかけるだけではなく、子どもの隣で一緒に勉強するくらいの覚悟と熱量が必要なのです。

私の塾では、小学生でも中学生でも、親子で一緒に塾の同じテストを受けるイベン

トがあります。

まさに親子対決ですね。

そのテストを希望して受ける方の多くが、成績上位者の保護者です。

子どもに「勉強しなさい」と口だけで言うのではなく、親がそのお手本を見せているのですね。

言っていることがその人の正体なのではなく、やっていることがその人の正体なのです。


まずは、親が率先して行動しましょう。

勉強の習慣化は、そこから始まります。

③親の「意識」と「行動」の変化が子どもの「意識」と「行動」を変える

保護者であるあなたは、中学時代に塾に通っていましたか？

テスト前に1人で勉強してきましたか？

成績はどうでしたか？


自分が勉強面でできていたことでも、子どもができるとは限りません。

まずは、その点を理解してください。

また、成績上位者の多くは、何かしら親からのサポートを受けています。

あるいは、上位に入るまでにサポートを受けてきた子たちです。

たとえば、中学生になるまでに勉強が習慣化された子がいるとしましょう。

その子は勉強の習慣化がされるまで、親の声かけや○つけなどのサポートがあったはずです。

私は今まで、2000人以上の生徒を見てきましたが、1人で成果を出してきた子は0・5％以下です。

結果を出している子のほとんどすべてが、親のサポートによって支えられてきています。

小学校の高学年や中学に上がるタイミングで子どもを塾に入れる保護者の方は、本当に多いです。

そして、そこで勉強面は完全に塾と本人任せにしてしまう保護者の方が一定数います。

それで成績が上がればいいのですが、親が学習面でかかわっていないと、成績が上がらないときや下がってしまったときに、その原因が思うようにつかめないでしょう。
成績上位者の保護者の方は、子どもの勉強を自分のことのように受け止めています。
たとえば、定期テスト前には保護者の方も定期テストの範囲を把握しています。
テストを受けるのは本人ですが、保護者の方は自分がテストを受けるかのように受け止めているのです。親としての「意識」の高さがうかがえますね。

あなたは、「クラスの保護者の中で一番、子どもを勉強面でサポートしてきた」と胸を張って言えますか？

もし、そう言えないのでしたら、まずはそこを目指しましょう。
親が子どもの勉強に興味や関心がなければ、子どもも勉強に興味や関心を示すわけがありません。

親の「意識」が変われば、やがて「行動」も変わります。

そして、子どもの「意識」と「行動」も変わっていくのです。

3

子どもの興味や関心に親も興味や関心をもつ

自分の話をする前に子どもの話を聞こう

先にお話ししたように、子どもに勉強に対しての興味や関心をもたせるためには、親が「子どもの勉強に興味や関心をもつこと」が大切です。

そして、それと同じくらい大切なのが、**「子どもがもっている興味や関心に、親も興味や関心をもつこと」**です。

たとえば、お子さんの好きなことは何ですか？

テレビゲームですか？

漫画ですか？

YouTubeですか？

頭の中に、お子さんの好きなことがすぐに思い浮かびましたか？

図1 お子さんが好きなことは何ですか？

もし思い浮かばなかったのなら、今後はお子さんの興味や関心に、あなたも興味や関心をもってください。

人は、自分に興味を示してくれた人に心を開いていきます。

もし、親が子どもの勉強だけにしか興味や関心がなかったとしたら、子どもはどう思うでしょう？

「うちの親は勉強にしか興味がない。自分のことには興味がないいんだ」

きっと、そう思うでしょう。

一般的に成績上位者の保護者の方ほど、子どもと良好な関係を築けているものです。

親子関係が良好ならば、勉強面でのサポートもしやすいでしょう。

まずは、お子さんが興味や関心をもっていることに、あなたが興味や関心をもちましょう。

子どもが親に心を開いてこそ、親が最強のサポーターとして成り立つのです。

子どもの勉強にのみ興味や関心を示す親にだけはならないでください。

さらには、お子さんの声にも耳を傾けてください。

自分の話を子どもに伝えたければ、その前に、子どもの話に耳を傾けましょう。

自分の話は、その後です。

人は、聞いてもらった分しか、その人の話を聞きません。

こんな私も、3人の子どもをもつ父親です。

この本を書きながら、「今まで以上に、子どもの話を聞いていこう」と自分に言い聞かせています。

4

親ができることは、子どもの睡眠時間の確保

お子さんは何時に就寝していますか？

ここからの内容は、〝サイトウ式「見える化」勉強法〟の両輪の1つである**「正しい学習習慣」**に関連したものになります。

第2章で偏差値70超の子の「正しい学習習慣」をお伝えしましたが、ここでは保護者の方にもお伝えしたい**「睡眠時間の確保」**について詳しく説明していきます。

また、次の項目では**「スマホの使い方」**についてお伝えしていきます。

睡眠時間とスマホは、「正しい学習習慣」に関する重要な事柄です。

ぜひ、参考にしていただきたいと思います。

さて、ここであなたに質問です。

子どもの適切な睡眠時間は、何時間でしょうか？

この質問に的確に答えるのは難しいでしょう。

なぜならショートスリーパーの子もいれば、ロングスリーパーの子もいるからです。

中学時代に学年1位を獲得し、偏差値70以上の高校に進学したある生徒は、およそ8時間睡眠でした。

高校進学後も校内で1位をとったのですが、そのときも同様の睡眠時間だったとのこと。

個人的には、高校生で8時間睡眠は長いほうだと思います。

これは、私の感覚的な問題ではなく、多くの生徒たちとの面談を通して得られた結果です。

高校では、部活の時間や通学時間が中学より長くなる傾向があります。

そんな中、その生徒は8時間の睡眠をとっていました。

その生徒には、何よりも8時間という睡眠時間の確保が大切であり最適だったのでしょう。

では、中学生の多くは何時に就寝しているのでしょうか？

私の塾では、23時～23時30分に就寝している生徒が大多数でした。

塾の授業が22時まであるため、必然的にその時間になってしまった可能性はあります。

通学時間が0分のオンラインの生徒の場合だと、23時前に就寝している子もいました。

反対に24時を過ぎる生徒でも上位に入る子はいましたが、就寝時間が遅くなればなるほど、起床時間もギリギリになり、生活に余裕がなくなっている様子でした。

いずれにしても、就寝時間については親の協力が不可欠です。

たとえ中学生になったとしても、ある程度は親が生活の管理のサポートをすることが必要です。

そして、それを上手に行うためにも、親子関係は良好なほうがいいのです。

面談を通して、生徒たちから聞いた就寝時間と起床時間で多かったのは、こんな感じです。

● 23時～23時30分の間に就寝。7時に起床。7時間半～8時間睡眠

私の塾がある川越市は、最近になって部活の朝練がなくなったことで、生徒たちの

睡眠時間は30分ほど増えた印象です（以前は、23時就寝、6時15分起床。7時間15分ほどの睡眠時間の生徒が多かったことを覚えています）。

個々で、必要な睡眠時間は異なります。

8時間寝ても足りない子がいれば、6時間でも問題ない子もいます。

ぜひ、学校でも塾でも眠くならない睡眠時間をお子さんと一緒に探していってください。

過去、指導した生徒の中に、自分で決めたことを徹底している子がいました（その子は後年、東大に進学しています）。

睡眠時間を削って勉強するのではなく、毎日、同じ時間に勉強し、同じ時間に就寝し、同じ時間に起床する――。

まるでロボットのような生活ですが、その子が東大に進学できた理由の1つが、規則正しい生活だったことは間違いないでしょう。

偏差値70超の子の平均的な睡眠時間

さて、次ページに掲載したのは、学年1位やオール5、偏差値70超を達成した生徒

図2 学年1位やオール5、偏差値70超の子たちの睡眠時間

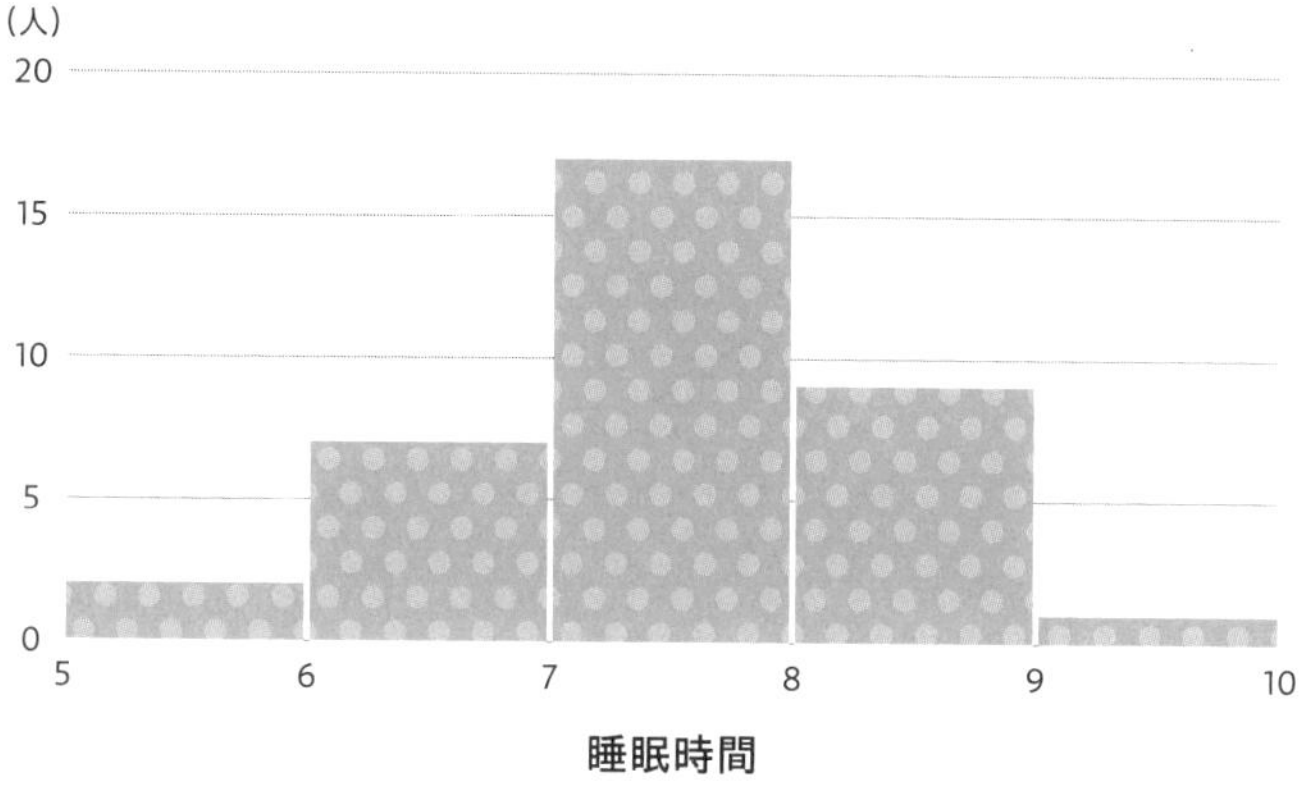

たちの睡眠時間の図です。

いかがでしょう？

ご覧いただくと、7時間～8時間のデータが一番多いことがわかると思います。

中学生は、小学生のときと比較して想像以上にハードな生活を送っています。

毎日、フルパワーを発揮するには、睡眠が欠かせません。

昔は、「四当五落」という言葉がありました。4時間睡眠で勉強した人は受験に合格し、5時間寝ているようでは落ちるというような意味です。

きっと「睡眠時間を削ってでも勉強しろ」と言いたかったのでしょう。

でも、実際問題として、現実は違います。

一部のショートスリーパーの子を除いて、基本的に中学生は7時間〜8時間程度の睡眠が必要だと私は考えています。

事実、上位者のデータを見ると、多くの生徒が7時間以上の睡眠をとっていますよね。

基本的には、午後11時ごろには布団に入り、午前7時前後までは眠るように促しましょう。

また、どんなに遅くなる日があっても、日付が変わるまでには布団に入ることが大切です。

部活の朝練がある場合には、午後11時までには布団に入ることを目標にさせましょう。

睡眠に関しては、保護者のあなたがお子さんに声かけをしたり、お風呂の時間を調整したりして、早く眠れるようにサポートをしてあげてください。

私は20年以上、塾で指導してきましたが、授業中にウトウトしている生徒で成績を伸ばした子は、ほぼいません。

逆に、授業中にウトウトするようになって成績が下がった生徒は、何人も見てきました。

学校での様子は本人にしかわかりませんので、学校でウトウトしていないかどうか、聞いてみてください。

睡眠不足では、授業に集中できないだけでなく、学校の先生からの評価が下がる可能性もあります。

それくらい睡眠は、成績に影響してくるものなのです。

ちなみに私は高校時代、喉の奥に腫瘍ができて、それが原因で睡眠時無呼吸症候群になりました。

結果として、満足な睡眠の質が確保できず、成績は下落の一途をたどりました。

睡眠時間と睡眠の質が確保できてこそ、勉強に打ち込めるのです。

もし、最適な睡眠時間がわからなければ、睡眠時間を調整し、調べてみましょう。

具体的には、カレンダーに前日の睡眠時間を記入して、睡眠時間とその日の体調の様子を比べていくのです。

何時間の睡眠がとれていれば体調面で問題ないのかがわかるようになると思います。

ただし、小学校から中学に上がったばかりのお子さんの場合は、5月ごろから部活が始まり、疲れが出るかもしれません。

小学生のころとは環境がガラリと変わりますので、お子さんの生活のリズムが整うまでは、保護者のあなたも慎重に様子を見ていきましょう。

多くの生徒たちを見てきて、自己管理ができている子ほど、成績が上位の傾向にあります。

ただ、最初からきちんと自己管理ができるわけではないので、そうなるまでは親のサポートが大切です。

5

スマホの利用時間や使用場所には制限をかけよう

使い方1つで敵にも味方にもなる

いまやスマホは、中学生にとっても、なくてはならないものになりつつあります。

ところで、お子さんのスマホの1日の使用時間に制限はありますか？

もし制限がなく、お子さんがスマホのアプリやゲーム、YouTubeにのめり込んでいるのであれば、**「スクリーンタイム」**を利用しましょう。

スクリーンタイムとは、SNSなどのアプリの1日の使用時間を確認したり、1日の中での使用できる時間帯を設定したりできる機能です。

ちなみに塾の生徒たちを見ていると、とくに学年1位などの上位層は**「時間の使い方」**が本当に上手です。それは本人の努力もあるのでしょうが、親のほうでもサポートをしているからでしょう。

中学生になると自分のスマホをもつ子どもが増えますが、親のほうで、そのスマホをある程度コントロールしているのです。

実際の例を見てみましょう。

- スクリーンタイムの機能で、1日のスマホの使用時間の上限を2時間に設定する
- 午後11時から翌日の午前6時までは、使用できないように設定する
- 自分の部屋や寝室へは、スマホを持ち込ませないようにする

スマホは使い方1つで敵にも味方にもなります。

どうせなら、味方にしておきたいですよね。

なお、例にあるような設定や制限は必要だと思いますが、その場合には、**必ずお子さんと相談して、家庭内でのルールを決める**ようにしてください。

親からの一方的な制限では、きっと子どもは不満に思うはずです。

一番いいのは、スマホを買い与えるときに、きちんとルールを決めておくことだと思います。

学年1位の子はスマホを何時間利用している？

スマホというのは、本当に便利なものです。

その意味でもスマホは、できるかぎり成績を伸ばすために使いたいですよね。

たとえば、わからないことがあったときに、調べものをするのには最適です。

とはいえ、それを理由に常に手元に置いて勉強するのがベストだとは言い切れません。

勉強に利用するつもりでスマホを手元に置いているのに、つい勉強以外のアプリを使用し、いつしかそれに夢中になってしまっていた……。

そんなことになってしまっては本末転倒です。

とはいえ、スマホを無意識に触ってしまうのは、本人の意志が弱いからではありません。大人でも1日中スマホに触れてしまう人がいるくらいですからね。

それだけ、スマホは依存性が高いのです。

次ページの図は、私の塾の生徒がスマホを利用している時間をまとめたものです。

上は学年1位やオール5、偏差値70超の生徒のスマホの利用時間で、下はそれ以外

図3 学年1位やオール5、偏差値70超の生徒のスマホの利用時間

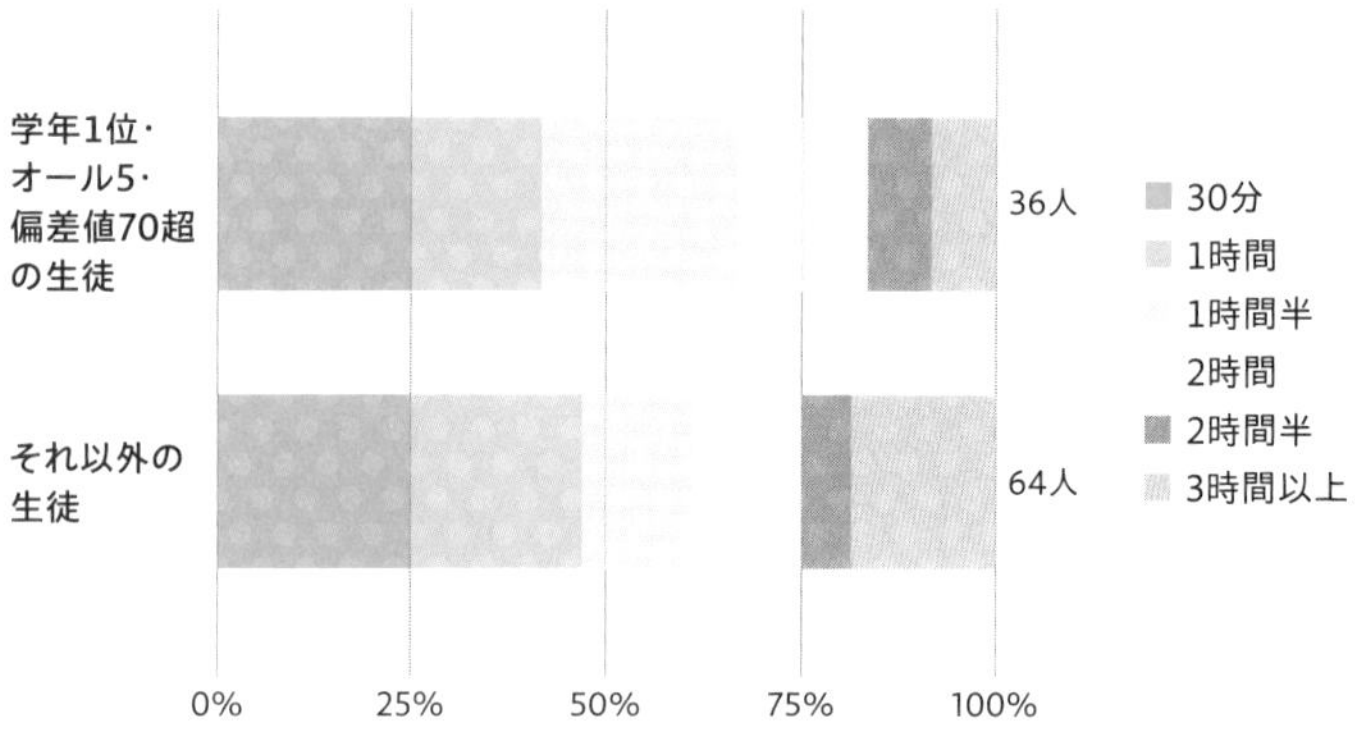

の生徒のスマホの利用時間です。

私の塾はもともと成績の上位者が多いので、それほど差は見られない結果となりましたが、それでもやはり、学年1位の生徒で1日に3時間以上スマホを利用する子は、ほぼいません。

いずれにしても、親世代のときには存在しなかったスマホとのかかわり方が、成績上位へ入るカギとなります。

ぜひ、成績上位の子たちのスマホの利用時間を参考にし、利用時間を調整してみてください。

学年1位を目指すなら、1日の利用時間を**1時間半以内**に制限することをお勧めします。

6 子どもが成績上位に入るために、親は具体的に何をしたらいいの？

3つの面からサポートしてあげよう

子どもが中学生ともなると、親がサポートできることには限りが出てきます。**では、そんな状況の中で、親は何ができるのでしょう？**

この本の最後に、このことについて見ていくことにしましょう。

①提出物の管理

提出物は、どの教科も期限内に提出しないと内申が下がってしまいます。

提出物などの声かけやチェックは、お子さんの性格や様子を見て、必要に応じて手助けをしてあげてください。もちろん、自分で提出物の期限が守れるような場合は、お子さんに任せてもいいでしょう。

一般的には、中間テストや期末テスト後に**「学校のワークの提出」**があります。

また、実技教科であれば、美術や技術・家庭の**「作品の提出」**もあります。

教科によっては、**「ノートの提出」**もあります。

とくに中1の1学期は、学校生活に慣れるのをサポートする意味でも、親のほうで学校の提出物を把握しておくといいでしょう。

②学校のワークの○つけ

親が学校のワークの○つけをして、学年1位などの結果を出している家庭がありま す。そうすることで、**子どもは○つけの時間を短縮でき、その時間を次の教科の勉強に使えるので、学習の効率化ができる**のでしょう。

また、親が○つけをすることで、子どもの得意、不得意に気づけます。

もちろん、最終的には子どもが1人で○つけができるように導いてあげる必要はありますが、最初の1、2回の定期テスト前には、手をかけてあげてもいいでしょう。

数学の単位のつけ忘れや英語のピリオド忘れなど、間違いやすいポイントを指摘してあげると、定期テストでのミスが減ると思います。

③「わからない」から「わかる」へ

わからない問題があると、先に進めなくなってしまう子がいます。

わからない問題が続くと、勉強へのモチベーションが下がってしまう子もいます。

そんなときには、親が子どもに解き方を教えてあげてもいいでしょう。

また、調べないと答えが見つからない問題のときには、**子どもの代わりに親が調べてあげる**のでもかまいません。

中学生は想像以上に忙しいので、子どもが勉強に専念できる時間をできるかぎり多くつくってあげてください。

ある家庭では、夫婦で教科を分担しているとのこと。たとえば、父親が数学や理科などの理系を担当し、母親が英語や国語、社会などの文系を担当しているそうです。

なお、教えてあげる際には、すべてを一から親が教えるのではなく、**「子どもがわからない問題だけに答える」**ことを意識しましょう。

なぜかというと、すべてを親が教えていると、子どもは「学校や塾の授業を聞かなくても、親に教えてもらえる」と思うようになるからです。

ちなみに、中学生ともなると**「反抗期」**に突入する子もいますので、良好な親子関係を築いておく必要があります。

そのためにも、日ごろからきちんとコミュニケーションをとり、子どもを認め、褒めることが大切です。

以上、終章では保護者の方に子どもとのかかわり方について説明してきました。

繰り返しになりますが、睡眠時間の確保、スマホの制限、勉強面でのサポートなどは〝サイトウ式「見える化」勉強法〟を支える軸の1つである**「正しい学習習慣」**につながります。

「正しい学習習慣」ができるまでは、親のサポートが非常に大切です。

逆に言うと、「正しい学習習慣」さえできてしまえば、後は一歩離れた位置から子どもを見守るだけでもよくなるでしょう。

ぜひ、本書に書かれていることを親子で実践し、偏差値70超を目指してください。

そして、偏差値70超を達成した際には、私に報告してください。

私も一緒に喜びます！

おわりに

どんなときでも素晴らしい結果を出す秘訣

「素直な子は、必ず伸びる」

私が、生徒たちに伝えている言葉です。

実際に、素直な子ほど言われたとおりに行動するので、成績が伸びます。

私はある日の授業で、生徒たちにこんな質問をしたことがあります。

「カレーを美味しくつくるコツは？」

ぜひ、あなたもカレーを美味しくつくるコツを考えてみてください。

授業で生徒たちに聞くと、さまざまな答えが返ってきました。

「すりおろしたリンゴを入れる」

「はちみつやチョコレートを加える」

「じっくり煮込む」

中には「愛情を入れる」など、私が言いそうな答えを考える子もいました。

じつは、カレーを美味しくつくるコツは、とてもシンプルです。

カレーのルーの箱に書いてある**「レシピどおりにつくること」**です。

「何だ、そんなことか！」と思った方が多いでしょう。

でも、素人がよかれと思って、あれこれ考えて動くより、プロが考え出したレシピに従うほうが、はるかに美味しくつくれるのです。

実際に、ＮＨＫのテレビ番組でも、そのようなシーンがあったようです。

料理の素人の方を４人集め、食材を用意し、カレーをつくってもらった後に、食べ比べをしたそうです。

すると、たった１人だけレシピどおりにつくった方がいて、その方の料理が一番美味しいという結果になったとのこと。

勉強もこれと同じで、レシピどおりに取り組んだほうが成績は上がりやすいのです。

あれこれと自分なりのやり方を模索することを否定はしませんが、まずはこの本で紹介した**〝サイトウ式「見える化」勉強法〟**を素直に実践しましょう。

もちろん、この本の内容を実践しても、うまくいかないこともあるでしょう。

そんなときは、ぜひトライ＆エラーを繰り返してください。

本書の内容をベースに、自分に合った方法にアレンジしていくことができれば、きっと偏差値70超を実現できるでしょう。

最後になりますが、塾の保護者会で、私がお伝えしている言葉を紹介します。

「素直な子は、必ず伸びる。そして子どもの学力は素直な親が伸ばす」

ぜひ、保護者の方もこの本の内容を参考にし、お子さんと一緒に成長していきましょう。


なお、この本の出版のきっかけは、『［くにたて式］中学勉強法』（大和出版）などを出版している國立先生とのご縁によるものです。ありがとうございました。

また、アンケートにご協力いただいた生徒や掲載の許可をいただいた保護者の皆様、本当にありがとうございました。

そして、編集の竹下様をはじめ、大和出版の皆様のご協力にも感謝申し上げ、本書を終わりにしたいと思います。

難関校合格専門　松江塾　齋藤明

中学生《ちゅうがくせい》「偏差値《へんさち》70超《ちょう》」の子《こ》の勉強法《べんきょうほう》
カリスマ塾長が明かす“劇的に成績を伸ばす”ルール

2024年5月31日　　初版発行
2024年7月17日　　２刷発行

著　者……斎藤《さいとう》 明《あきら》
発行者……塚田太郎
発行所……株式会社大和出版
東京都文京区音羽1-26-11　〒112-0013
電話　営業部03-5978-8121／編集部03-5978-8131
https://daiwashuppan.com
印刷所／製本所……日経印刷株式会社

ISBN978-4-8047-6430-6

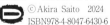